13歳までにやっておくべき
50の冒険

ピエルドメニコ・バッカラーリオ
トンマーゾ・ペルチヴァーレ 著
アントンジョナータ・フェッラーリ 絵

佐藤初雄 NPO法人国際自然大学校理事長 監修
有北雅彦 訳

太郎次郎社
エディタス

冒険のリスト　🎗は大人といっしょにやるもの

1	宝探しをプロデュースしよう	16
2	シャボン玉のなかに入ってみよう	21
3	ローラースケートで出かけよう	24
4	どこでもすぐにサッカーだ	27
5	ロープの結び方を5つマスターしよう	31
6	凧を飛ばして、鳥の気分を味わおう	35
7	雲のかたちを10個覚えよう	37
8	7種類の動物にえさをあげてみよう	39
9	木に登って世界をながめてみよう	43
10	木の上に家をつくってみよう 🎗	46
11	危ないところでねむってみよう	48
12	ねころがって星を見よう	51
13	ほんものの杖をつくろう	55
14	真っ暗な夜に外を歩いてみよう 🎗	58
15	日の出と日の入りを目撃しよう	62
16	植物を種から育てよう	65
17	パチンコをつくって使いこなそう 🎗	68
18	10歩はなれた場所から空き缶をたおそう	72
19	高い丘から転がりおりてみよう	74
20	野生の動物を3種類、写真にとってみよう	77
21	森の生きものの足跡をたどろう	80
22	火をおこしてみよう 🎗	83
23	きのこの見分け方を覚えよう 🎗	87
24	雪だるまをつくろう	90

25	本格的（ほんかくてき）な雪の家をつくってみよう	93
26	雪（ゆき）そりでジャンプしてみよう	96
27	雪合戦（ゆきがっせん）で大（だい）バトル	98
28	化石（かせき）を探（さが）してみよう	102
29	秘密結社（ひみつけっしゃ）を結成（けっせい）しよう	105
30	暗号（あんごう）を書（か）いてみよう	109
31	友（とも）だちを尾行（びこう）してみよう	113
32	廃墟（はいきょ）を探検（たんけん）してみよう	116
33	偉人（いじん）になりきってみよう	119
34	コンパスと地図（ちず）で方角（ほうがく）を知（し）ろう	122
35	新聞記事（しんぶんきじ）やブログを書こう	125
36	難（むずか）しいゲームをクリアしよう	129
37	モンスターの友だちを創作（そうさく）しよう	133
38	魔法（まほう）の薬（くすり）を調合（ちょうごう）してみよう	136
39	物語（ものがたり）を書いてみよう	138
40	手紙（てがみ）を書いて、送（おく）ってみよう	141
41	嵐（あらし）でずぶぬれになってみよう	144
42	プレイリストをつくろう	147
43	芝居（しばい）を上演（じょうえん）しよう	150
44	パンをつくって食（た）べよう	153
45	砂浜（すなはま）に行（い）ってみよう	157
46	ビー玉（だま）レースで遊（あそ）ぼう	160
47	目（め）かくしをして街（まち）を歩こう	162
48	おもちゃを分解（ぶんかい）して、もう一度（いちど）組（く）み立（た）てよう	165
49	願（ねが）いごとリストをつくろう	168
50	宝物（たからもの）をかくそう	171

この本は、＿＿＿＿＿＿＿＿＿＿の冒険ガイドブックだ。

(きみの名前を書こう)

冒険をはじめたときの写真

(きみの写真を貼ろう)

ペンネーム：＿＿＿＿＿＿＿＿＿＿＿

ニックネーム：＿＿＿＿＿＿＿＿＿＿

リングネーム：＿＿＿＿＿＿＿＿＿＿

コードネーム：＿＿＿＿＿＿＿＿＿＿

この本を正当な持ち主の立ち会いなしに開くことは、いかなる者にも禁止する。

例外 以下の者は、この本を開いてもよいものとする。

1.＿＿＿＿＿＿＿＿＿＿＿＿＿

2.＿＿＿＿＿＿＿＿＿＿＿＿＿

3.＿＿＿＿＿＿＿＿＿＿＿＿＿

もし、この本が悪党どもの手にわたったら、ぼくの／わたしの手にもどってくるまでのあいだ、以下のヒーローたちはこの本を開いてもよいものとする。

1. ....

2. ....

3. ....

もしかしたら、街を歩いてるときや森を探検中に、この本をなくしてしまうかもしれない。
見つけてくれた方は、以下の宛て先にご連絡ください。

電話番号： ....

メールアドレス： ....

そしたら感謝の気持ちに、極上のおやつと、つぎのものをおゆずりします。

....

ぼくは／わたしは、

＿＿＿年＿＿＿月＿＿＿日に

冒険者としての第一歩をふみ出した。

そのときの年齢は＿＿＿歳で、

＿＿＿年＿＿＿月＿＿＿日に

すべてのミッションをやりとげた。

なによりも大事なルール

　この本のなかには、たくさんの宝物がかくされている。それは、一度見つけてしまえば、もうだれもうばうことができない、いつもきみのそばにある宝物だ。それはとてもちっぽけな、あるいはごくありふれた、つまらなく思えるものかもしれない。それらがいかに価値があるか、なかなかわからないかもしれない。でも、いずれわかるときがくる。それらは時間が経つにつれ、太陽の光を浴びたダイヤモンドのようにかがやきはじめるから。

　じゃあ、その宝物って、いったいなんだろう？　興奮して鼓動をはじめた心臓。息を切らして走ったあとのはずんだ呼吸。肌をこがす太陽。飛んでいくツバメの群れやカタツムリの粘液。だれかの瞳みたいなおかしな雲。弾が命中して、コロコロ転がってる空き缶。

　どれも、とても大事なものなんだ。

　宝物を探す人たちはみんな、たったひとつの古いルールに従っている。それは、「楽しむこと」。

　いいかい、きみが手に持っている本は、いつも不満そうな顔をした、はた迷惑な連中のためにあるんじゃない。忘れられない一日へつながる扉なんだ。開いてみよう。準備はいい？

冒険ガイドブックのルール

1. この本を肌身はなさず持っておこう。冒険をするときにかならず役に立つ。

2. このルールをきちんと守ること。

3. このルールがいやだったら、自分でルールをつくってみよう。ただし、そのルールをきちんと守ること。

4. 冒険の誓約書（10ページ）にサインをしたら、すぐに冒険をはじめることができる。

5. 表紙をふくめて、どのページにも（このページにも）何かを書きこんでよい。

6. この本は、破ったりちぎったりしてもいい。冒険の内容によっては、よごしたり燃やしたりしてもいい。写真や切符や葉っぱや、ほかに好きなものを貼りつけてもいい。この本は、どんな困難に出会ったときもきみのそばにいて、背を向けたりはしない。

7. いまから、移動は片足飛びですること。

8. ごめん、7番のルールはうそだ。

9. できるかぎり多くのミッションに挑戦すること。

10. クリアしたミッションにたいしては、項目ごとに1から10の点数をつけること。目盛りに印を入れて線で結べば、「経験値チャート」のできあがり。点数を合計して、その冒険が自分にとってどれだけ価値があったかを知るんだ。

[経験値チャートの例]

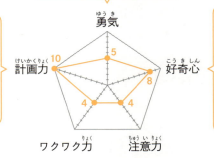

このミッションでゲットした経験値は、合計 **31** 点！

11. 大人といっしょにやらないといけないミッションもある。そのときは保護者同伴でやろう。さもないと、無効だ。

12. 13番は、不吉な数字なので飛ばすことにする。

13.

14. 冒険を楽しむいちばんの方法は、友だちといっしょにやることだ。

冒険の誓約書

（ふたり以上の証人の前で大きな声で宣言すること。鏡の前で練習しておこう）

わたし＿＿＿＿＿＿＿＿＿は、心身ともに全力をつくし、冒険者への道を歩むことをここにちかいます。

わたしは、あたえられたミッションをやりとげることに全力で取り組むことをちかいます。
その冒険の途中でよごれたり、服がぼろぼろになったり、ときには傷ついても、すべては冒険の一部であり、何があろうと楽しむことをちかいます。
わたしは、仲間に入れてほしいとたのんできた友だちは、だれであろうと仲間に入れてあげることをちかいます。
そして、この本のルールに従い、行動することをちかいます。

＿＿＿年＿＿＿月＿＿＿日

氏名＿＿＿＿＿＿＿＿＿＿＿＿

必要なアイテム

冒険は遊び半分でやるもんじゃない。そのことをよく知っている冒険者たちは、それにふさわしい装備を持っている。必要なものは少ないし、そろえるのにそんなにお金もかからないけど、だからこそ自分にあったものを厳選しよう。

これらがそのアイテムだ。世界中の冒険者たちはこれらを肌身はなさず持っている。

ひも

梱包用や、焼き豚をしばるようなひもでいい。1尋か2尋はつねに持っておこう（「尋」は両手を左右に広げたときの、指先から指先までの長さだよ）。冒険のプロは登山用ロープ（色も太さもいろいろあるけど、お好みで）かパラシュート用ロープを使う。パラシュート用ロープは合成繊維でできていて、250kgの負荷にたえることができる。大きなスポーツ用品店か、登山用品専門店、狩猟用品店、釣具店などに行けば売ってるよ。

書くもの

ちゃんとけずっておけば、どんなものでもいい。ボールペンやマジックでもいいけど、いざ使おうとしたときにインクがなくなっていたりしないように、つねに確認しておこう。アスファルトやコンクリートの上に線を引くとき（たとえばビー玉遊びをするとき）は、その冒険の場所の近くで、先のとがったけずれやすい石を見つければいい（冒険の舞台となる場所にはたいがいあるからね）。

ライターかマッチ

火はこの世でもっとも利用価値の高いものだ。火を知り、敬うことを覚えなくちゃいけない。そうすれば、火もきみに味方してくれる。合成繊維ロープの結び目を熱してほどけないようにするのにも、火は役に立つ。もしライターよりもマッチのほうがお好みなら、1箱持っておくようにしよう。タバコ屋やホームセンターなどで売ってるよ。

十徳ナイフ

ぼくたちのご先祖さまが火を飼いならしたあと、必要としたのは、切るための道具だ。かつては槍の穂先をはじめ、あらゆる刃物は、岩をくだいてとがらせたものだった。いまや石器は時代おくれ。多機能ナイフがあればいい。栓ぬきやピンセット、そのほかの機能がたくさん、ポケットに入る大きさにすべてつまっている。シンプルなものなら1000円くらいで売っている。登山用品専門店などで探してみよう。

虫眼鏡

シャーロック・ホームズにならって、ぼくたちはみんな持っておかないといけない。こいつを使えば、ものがぜんぶ大きく見えるし、光を集めて火を起こすことだってできる（言うほどかんたんじゃないけどね）。文房具屋で売ってるけど、買うまえに、うちにないかもう一度探してみよう。うちになくても、おじいちゃんやおばあちゃんが持ってるかも。

アメ
神経をすり減らす冒険を無事に生きぬくためには、糖分の摂取がぜったいに必要だ。大人に見つかったら、あまいものばっかり食べちゃだめっておこられるから、こっそり持っておこう。これはじつにいろんなときに役立ってくれる。

テープ
どんなタイプのものでもいい。ただし、学校で使っているような細くて透明のやつはちょっとたよりないな。電気屋さんが使っているような、熱に強くて軽くて伸縮性のあるものを選ぼう。ダクトテープでもいい。ちぎったものをいくつかペンに巻きつけて、いつも身につけておくこ

とだ。使うぶんだけを持ちあるけば、かさばらないからね。

懐中電灯
真っ暗闇やうす明かりのなかであたりを見るためのものだ。予備の電池も忘れるな！

腕時計
自動巻きのものか太陽電池のもの、衝撃に強いものを選ぼう。

携帯電話
冒険者たちはあまり携帯電話が好きじゃない。GPSで追跡されるのがいやだからね。でも便利なことは確かだ。とくに、アプリをいっぱい入れたスマート

フォンは卑怯なくらいに便利だ。重い荷物をいっぱい持たなくてもよくなる。

● ぜったいではないが、あると便利なもの

サイコロ
あてずっぽうでものごとを選択するときに使う。

ビー玉
ちょっとしたスペースがあれば、どこでも遊べる。古い遊びだ。ほんとうにむかしからある。冒険者たちは古いものが「大好き」なんだ。

ノート
外出中に頭にうかんだことをメモしよう。

そしてもちろん、いちばん大事な、つねに身につけておかなければいけないものは、この本だ。

50のミッションのなかには、イタリアではできても、日本では、そのままのやり方でできないものもふくまれています。それらのミッションについては、野外活動のスペシャリスト・佐藤初雄さんの監修のもと、注意書き❗を入れました。挑戦するときは、この注意書きもよく読んで、くふうしてみてください。

14

50のミッション

ミッション 1

宝探しをプロデュースしよう

宝探しをすることと同じくらい楽しいことをひとつだけあげろと言われたら、それは宝探しをプロデュースすることって答えるだろう。デタラメじゃなく、ちゃんと答えがある「謎」を考えだすには、難しい謎を解くのと同じくらいのかしこさが必要だ。このミッションは、友だちに宝探しを「やってもらう」ことだ。

宝探しは、すばらしい何か（これが「宝」だ）のかくし場所を示す一連のヒントで成り立っている。そのヒントは、見え見えでわかりやすすぎるのはだめ。挑戦に値するじゅうぶんな難し

さがあって、宝を探す人にはちゃんと意味がわかるようにしないといけない。

　宝探しに必要なのは、ワクワクするような設定だ。かんたんなものでいいよ。いつものスーパーの駐車場を中世の城という設定にしてみる、とかね。想像力はありふれた場所を未知の世界に変える大きな力だ。

　大事なのは、よく知っている場所を選ぶことだ。宝探しにいどむきみの友だちをさんざんなやませるために、その場所の特徴を最大限利用するんだからね。

　ふつうは、宝探しのヒントは紙に書いておく。なぞなぞや歌にでもできたら完璧だ。

　ヒントのいい例をふたつ紹介しよう。

　「最初のヒントは、すべての海が宙にうかんでいるところにある」──つまり、地図帳にはさんであるってこと（地図帳をひもで何かにつるしておこう）。

　「ドアのない不思議な家」──つまり、なかがぽっかり空いた木の幹ってこと（リスたちにとってはそこは家だ）。

● **それじゃ、やってみよう**

　まずは紙を5枚と封筒を5枚用意する。封筒には1から5までの番号を書いておく。そして、宝をかくすのにちょうどいい場所を考えるんだ。行くのはかんたんだけど、意外なところでなくちゃいけない。ベッドの下？　OK、ベッドの下ね。じゃあ、こうしようか。「真っ黒い男がかくれるところ」。その場所

17

をあいまいで神秘的に表現して、5番の紙に書くんだ。書いたら封筒に入れて、封をする。そしたら、そのヒントをかくす場所を探す。ヒントとヒントは、なるべくはなれた場所にかくすように。ハンターたちを右往左往させてやろう！

いいかくし場所が見つかったら、それを4番の紙に書く。同じことを、1番の封筒に封をするまでくり返す。1番の封筒は、宝を探す人に最初にわたされるものだ。ひとつ目のヒントの謎を解き、順にすべての封筒を見つけだしたら、ようやく宝を手に入れられるってわけ。

いっしょうけんめいやればやるほど、楽しみも倍増する。

● **お宝とご対面**

宝がなんであるかはそんなに大事じゃない。冒険それじたいが、この宝探しのほんとうの宝なんだから！

とはいえ、もし特別な何かが用意できなかったら、せっかく謎を解いたのに……って、友だちはみんなつかれてうんざりしちゃうだろう。

何を用意したらいいのかわからないって？　そうだな、いっしょに遊ぶためのボードゲームや、テレビゲームでもいいし、読んでほしい本だっていいんじゃないかな。忘れちゃいけないのは、クリアした友だちへのメッセージをつけ加えること。友だちのために書いたそのことばは、一生をとおして心のなかに残る、きっと最高の宝物だよ。

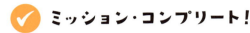 **ミッション・コンプリート！**

友だちをさんざんなやませたヒントの紙を貼りつけよう（小さく折りたたんで）。

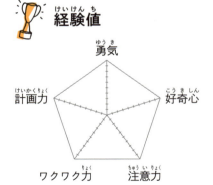 経験値

- 勇気
- 好奇心
- 注意力
- ワクワク力
- 計画力

ねえ、覚えてる？

おもしろい謎を考えるのに知恵をしぼった。友だちがその謎を解くのをじっと見ていた。ヒントをあげたい誘惑に勝つのがたいへんだった。結局、自分もいっしょになって宝を探してた。

 この本を読んでみよう

『宝島』（ロバート・ルイス・スティーヴンソン）

ミッション
2

シャボン玉のなかに入ってみよう

　あるけど、ないものって、なんだろう？　ええとね、かたちはあるけど、重さはないもの。透明で、どこにも穴があいてない。まったくの無色だったり、すべての色があったりする。とってもこわれやすいけど、とっても遠くまで行けたりする。
　何が頭にうかんだ？　シャボン玉？　正解！　シャボン玉は魔法みたいだ。小さいのをつくるのはかんたんだけど、大きいのをつくるのはちょっとした大仕事だぞ。やってみよう！

21

今回のミッションは、シャボン玉をつくること。めざすのは
大きな、とっても大きな、巨大なやつだ。
　なかに入れるくらい大きなやつをつくってみよう。

　巨大なシャボン玉の秘密のレシピはこれだ。
・食器用洗剤：１カップ
・水：１／２カップ
・液体グリセリン：１／３カップ（薬局で売ってるよ）
・砂糖：小さじ２

　これらをぜんぶ、底の平らなバケツに入れて混ぜる。泡が立
ちすぎないようにゆっくりとね。
　ふたをして、１日か２日置いておこう。
　そのあいだに、シャボン玉をつくるために必要な、大きな輪
っかを用意しておこう。シャツを干すための針金ハンガーがあ
れば、ひとりでだってかんたんにつくれるよ。洗濯機の近くか
物干し竿にあるんじゃないかな。
　輪っかをこの秘薬にひたす。それを口の近くに持ってきて
……肺の空気をしぼり出せ！　息をふくだけじゃ足りなかった
ら、輪っかをやさしく左右にゆすってみよう。空気が入ってま
るみができたら、あとは自分でゆっくりふくらんでいくよ。

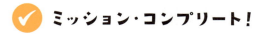

ミッション・コンプリート！

魔法の石鹸水をひとしずく垂らしてみよう（慎重にね）。
本を閉じるまえにしっかりかわかすこと。

経験値

ねえ、覚えてる？

石鹸の香り。はかなげに宙をただよう七色の玉。小さなシャボン玉たちをいっせいにどこかへ連れていった突風。鼻にかかったしぶき。シャツをかけようとしたハンガーがなくて、不思議そうにしてたパパの顔。

 ## この本を読んでみよう

『オ・ヤサシ巨人BFG』（ロアルド・ダール）

ミッション 3

ローラースケートで出かけよう

　風がほっぺたに強くふきつける。ビュンビュンとはためく髪。すべるように遠ざかる道は、靴の下で小気味のよい音を立てる。
　自転車をこいでいるときのきみたちは、サドルの上でバランスをとりながら、そんなことを感じてるんじゃないかな。
　もし自分が自転車になったらって想像してみよう。どう？ 筋肉の力だけでうまくバランスをとれる？　よし、こんどは両足の裏に車輪がくっついたところを想像してみて。まっすぐ立てる？　さっきとくらべて、難しい？　こわい？　そんなにこわくない？
　馬車、自転車、自動車、はては飛行機にいたるまで、人やものを乗せるものにはすべて車輪がついている。車輪があれば、翼がなくても、町のなかを飛ぶように速く移動することができるんだ。

ローラースケートかスケートボードに乗ってみよう。

どんな道具を選ぶにしても、すっ転ぶ覚悟はしておくこと。ひざをすりむいて、服が破れる可能性もある。

おそかれ早かれ、みんな一度は転ぶんだ。それも遊びの一部だからね。でもこわがっちゃだめだ。なんならヘルメットをかぶっておこう。ひじとひざを守るプロテクターも。さあ、転んだら起きあがろう。戦いに痛みはつきものなんだから。

屋内スケートリンクもある。つるつるの床の上で、雨の日でも楽しめる、練習にはぴったりの環境だ。スケート靴のレンタルもできるし、初心者用コースに参加することもできる。

だんだんうまくなってきたら、自分の実力を試したくなるだろう。テクニックを駆使して、アクロバティックにすべってみよう。大きな町なら、スケートボード・パークがあるかも。ちょっとほかではない障害物コースがあって、BMXでも、モトクロスですべってもOK。そこはまちがいなく、スケート・マニアたちの熱い楽園だ。いろんなところにあって、なおかつ挑戦しやすいのは、パイプ・コースやハーフパイプ・コースかな。筒状にくぼんだ道を、自由に行ったり来たりしながら、ダンスをしたり、アクロバット・ジャンプをしたりできる。興味があったら、行ってみるといい。ゴー！

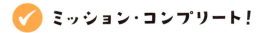

✓ ミッション・コンプリート！

ミッションの最中に使った絆創膏を貼りつけよう。きみの戦いの勲章だ。

経験値

- 勇気
- 計画力
- 好奇心
- ワクワク力
- 注意力

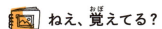

ねえ、覚えてる？

風を切る音。アドレナリン。障害物を軽々と飛びこえた。転んだときの衝撃。転んでも、ぜったい起きあがることができるんだって感じた。

この本を読んでみよう

『銀のスケート』（メアリー・メイプス・ドッジ）

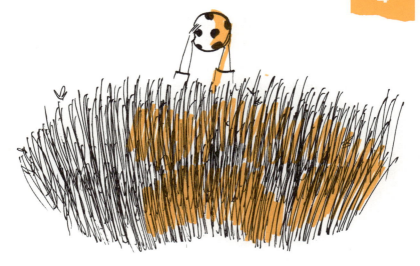

どこでもすぐにサッカーだ

　サッカーが世界中でこんなに愛されている理由はなんだろう？　走ったり体を動かしたりして、どこでもだれとでも遊べること？　男でも女でも、外でも室内でも遊ぶことができること？　ルールがかんたんなこと、友だちとチームを組めること、試合が終わったときの気持ちのいい汗？

　これらすべてが正解だろうし、たぶんほかにもたくさん理由があるだろう。サッカーは遊ぶのがかんたんなスポーツだし、使うのはボールひとつだけ（ボールもなんだっていい。革張りの立派なものから、古い靴下に何かをつめてしばったものでも）。あと必要なものは……もちろん、足だね！

　サッカーの遊び方は、言わなくてもわかるよね。……でも、いちおう言っておこう！　ゴールキーパーという壁をくぐりぬ

けて、ボールをゴールに運ぶんだ。キーパーは、ボールを手でさわれる唯一のプレーヤー。ただし、ゴールの近くでだけね。よくねらって、シュートだ！　使っていいのは、腕と手以外のすべての部分。ゴールをたくさん決めたほうが勝ちだ。

　ひとりでドリブルしてても試合にはならない。何人か友だちを集めよう（最低でふたりだけど、多いほうが楽しいからね）。そして広めの空き地を探すんだ。どんな場所でもいい。中庭でも、公園でも。芝生が生えていれば、なおいいね。ぜったい必要ってわけじゃないけど、転んだときに大けがするのを防いでくれる。

●ルールどおりにゴールをつくってみよう

　フィールドの枠線を引かなくてもサッカーはできるけど、ゴールをつくらずにはできない。ほかに何もなければ、地面にリュックサックをふたつか、まるめたパーカーでも置いて、ゴールポストのかわりにしよう。もちろんいちばんいいのは、木の棒を2本地面に打ちこむことだ。もし本格的にやりたいなら、その棒に横木をはわせてゴールをつくるといい。これはちょっと難しいぞ。棒の上に長い木をのっけるだけではじゅうぶんじゃないからね。それだけじゃ、ちょっと何かが当たっただけでも頭の上に落ちてくるだろう？　もう少しくふうしないといけない。

　まずは大きさだね。サッカーのゴールは、ルール上は幅7.32m、高さ2.44m。これはとんでもなくでっかい大人用に考えられた大きさだ。肩幅がベランダくらいあるバケモノみたいなやつを想像してもらえばいいかな。だいたい横幅は5歩とちょっとくらいあって、高さは、つま先立ちをして手をいっぱ

いにのばしても届かないくらいの大きさになるはずだ。どう？

つまり、3本の棒が必要になってくるんだ。2本は地面につきさす短いほうのやつで、片方の先っぽがYの字のようにふたまたに分かれていれば、最高。もう1本は、横にしてその2本をつなげるくらい長いやつ。ロープを使ってしっかり固定したかい？　それじゃ、試合開始のホイッスルだ！

 ミッション・コンプリート！

チーム別にメンバーの名前を書こう。試合の結果もね。

経験値

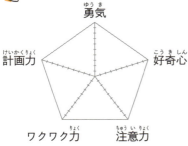

勇気
計画力
好奇心
ワクワク力
注意力

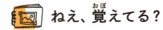 ねえ、覚えてる？

汗。ほてった体。仲間がいる喜び。あいつの肩をポンとたたいた。ゴールに向かって夢中で走った。ギリギリで負けちゃった試合。つぎはぜったい勝ちたくなった。きみを応援してくれた、あの子の声。

 この本を読んでみよう

『銃声のやんだ朝に』（ジェイムズ・リオーダン）

ミッション
5

ロープの結び方を
5つマスターしよう

　ロープは結んだり、ほどいたりするだけのものじゃない。荷物を運んだり、重いものをつり上げたり、動かないように固定したりと、さまざまに役に立つ。ロープなしでは船も運行できないし、木造の橋はくずれ落ちてしまうし、網は存在すらできないし、つかまえた囚人は光の速さでにげてしまう。
　ロープを操る技術は、とても古くからある。人類は、その歴史がはじまってからずっと、何かと何かを結ぶことは生きのび

31

るために大事なことだと知っていたんだ。それこそ、食べものを探したり、ねむったり、身を守ったりするのと同じくらいにね。ロープの使い方を学ぶことは、思ってもない状況をひとりで生きぬく方法を学ぶことにほかならない。

ロープの結び方は数えきれないほどあって、状況におうじて、それぞれ結び方がある。そのなかから、5種類の結び方をピックアップした。どれもとくにかんたんな、いろんな場面で使える、とても役に立つものばかり。これらすべてをマスターするのが、今回のミッションだ。

1― 止め結び

あらゆるときに使える。ぬいものをしたあとの玉止めもこの結び方だ。ロッククライミングでもこの結び方を使う。50cmごとにこの結び目をつくっておけば、絶好の手がかり、足がかりになるんだ。

2― 8の字結び

これは止め結びの改良型だ。

3― 巻き結び

ポールにロープを結ぶときの結び方。ロープがぴんと張ってないときは、かんたんにほどけることが利点。旗をポールに結ぶときにも使われる。

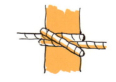

4 — 引きとけ結び

ロープのはしっこに、ひっぱればしまる結び目をつくるときに使う。何かをつるしたり、救助作業にも使われる。

5 — 一結び

これは、なかに何かを入れた状態でひっぱれば、きつくしまる結び方だ。

　用意するのは、短めの梱包ひもかビニールひも。これらの結び方を、何度もくり返し練習して、最終的には目をつぶっていてもできるようになること。

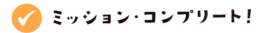 ミッション・コンプリート！

つくった結び目を切りとってテープで貼りつけよう。

 経験値

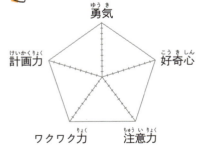

 ねえ、覚えてる？

集中して、難しい結び目ができたときの満足感。指のひっかき傷。きみの指を何度もへこませた、ざらざらしたロープの感触。

 この本を読んでみよう

『白鯨』（ハーマン・メルヴィル）

ミッション 6

凧を飛ばして、鳥の気分を味わおう

　人間はいつも空を飛ぶことを夢見てきた。何もない空中にふわりとまい上がり、目を回しながら、なんとかバランスをとって……。
　何千年もぼくたちは空を見上げては、鳥にあこがれ、ときにうらやんできた。その美しくのびやかな羽。地面をはなれるときの喜び。世界をおきざりにして、はるかかなたをめざせる力。きっと風はもっと遠くまで連れていってくれるだろう。ぼくたちの空を飛びたいという強い思いは、神話や伝説のなかでもくり返し語られてきた。だけど1905年、かのライト兄弟による飛行機の発明以降、それはもはや夢物語ではなくなった。
　だけど、地面に足をつけたままでも、空を飛ぶ感覚を得るための楽しい方法はずっとあったんd。凧さ。
　もっともよく知られているのは、ひし形の凧だ。ひとりでだ

ってつくるのはかんたんだ。いろいろなタイプの凧があるし、探せば安く売っているものもあるから、自分にぴったりなやつを選んで、飛ばすのに最適な場所を探そう。ただ、これだけは覚えておくんだ。風がないと、凧は飛ばない。

　砂浜でやってみるのもいい。岩壁や山の上、小高い丘に登ってみてもいい。ながめがいいところが最高だね。

　凧を風に乗せるためには、まず糸巻きから糸をのばして、凧を引きずってひたすら走ること。やがて凧は地面をはなれ、空高くまい上がっていく。

ミッション・コンプリート！

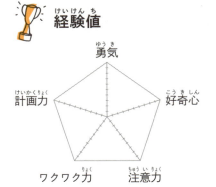

経験値

勇気
計画力　好奇心
ワクワク力　注意力

 ねえ、覚えてる？

背中をふきぬける風。もつれたひも。凧の背中に乗って鳥のように自由に飛ぶのを想像した。

 この本を読んでみよう

『かもめのジョナサン』（リチャード・バック）

雲のかたちを10個覚えよう

　雲のかたちが何に見える？　言ってみよう。それはとても想像力を刺激する。ぼくたちの性格や考えてることが強く出る魔法のような体験だ。

　雲は不思議で魅力的な気象現象だ。風という名の指が粘土をこねてるみたいに、いろいろに姿を変える。まるで、だれかが正体を暴いてくれるのを待ってるみたいだ。

　今回のミッションを攻略するには、まず外に出てねそべって（草原をオススメする。草はきみをやさしく包んでくれて、集中力も高めてくれる）、風のにおいを感じてみること。きみの真上にある雲はいま、どんな姿をしてる？　ロケットみたい？　ひげの生えた魚みたい？　親戚のおじさんの顔みたい？

　少なくとも10個は探してみよう。その雲がへんなかたちであればあるほどいいね。

✓ ミッション・コンプリート！

見つけたおもしろい雲のかたちをかいてみよう（少なくとも3つ）。

🏆 経験値

📷 ねえ、覚えてる？

はてしなく広がる空。首をくすぐる草。太陽がじりじりと焼いたほっぺたのにおい。長いこと空を見てたら、地面の上に立ってる感覚がなかなかもどらなかった。

📖 この本を読んでみよう

『はてしない物語』（ミヒャエル・エンデ）

ミッション 8

7種類の動物にえさをあげてみよう

　動物ってやつは、えさをもらったら、それが栄養のあるものならだいたい喜んで食べるもんだよね。このミッションは一見かんたんだけど、難しいのは、まずその動物を探すところからはじめないといけないってことだ。野生の動物にはかまれないようにじゅうぶん気をつけること。

　イヌやネコはだいたいどこにでもいる。でも、ウサギはどこにいるか知ってる？　ウマは？　どう？

　OK、もし自分の限界にチャレンジするつもりがあるなら、ハリネズミを探してごらん。キツネや、アナグマや、ノロジカ

も難しいぞ。野生の動物は人間を信じない。信頼を得るのはかなり骨が折れるけど、もしできたら、飛びあがるくらいうれしいぞ。人間とふれあわずに暮らしている動物には、じゅうぶんに気をつけていどもう。

野生の動物は、人間から食べものをもらうのに慣れていない。だからおなかがすいてると、勢いあまって、えさを持っているきみの手までかんじゃうおそれがあるからね。ほんとうだよ？

森に入るときは、自分の身を守ることが最優先。動物たちはきみにメッセージを送ってるはずだから、それをよく解読するんだ。そのためには、動物の目を見ること。もし動物がきみを信用せず、にげていきそうなら、それ以上近づいちゃいけない。地面にえさを投げてようすを見よう。はじめは動物の近くに、可能なら少しずつ自分の近くに引きよせていく。

どの動物にどんなえさをあげるかも大事だね。イヌに草をあげても、ぜったいに食べちゃくれない。同じように、ノロジカに肉をあげてもだめ。バカなやつだなって思われて終わりだよ。何が肉食動物で、何が草食動物か、しっかり覚えておかないとね。肉食動物はライオンやトラだけじゃないぞ。キツネ、フクロウ、アナグマなんかもそうだ。ウサギなんかは草食だね。ネズミは？　そう、ぼくたち人間と同じで雑食だ。

最後に、これだけは覚えておくように。ぼくたち人間にとっ

てはおいしくても、動物にとっては毒って食べものがあるんだ。家畜にはパンや、パスタや、お菓子などはあげてはいけないし、チョコレート、ブドウ、干しブドウなんかはイヌやネコが食べると、とても危険。牛乳はハリネズミには猛毒だ。

　えさをあげるまえに、その動物がそれを食べられるのか、しっかり確認しておくことだよ。

> 日本では「野生生物にえさをあげること」はおすすめされていません。このミッションはあくまでもイタリアでのものです。ただし、日本でも、森などで野生動物たちと出会うことはできますし、ペットや許可された動物園などにかぎれば、ミッションに挑戦できます。

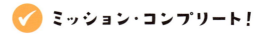

ミッション・コンプリート！

えさをあげた動物の名前を書こう。

1.　　　　　　　5.
2.　　　　　　　6.
3.　　　　　　　7.
4.

かまれた動物の名前を書こう。

 経験値

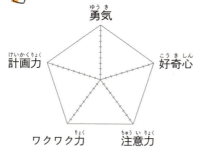

 ねえ、覚えてる？

だれかに食べものをあげたときの、あったかい気持ち。きみを見つめて、顔をこすりつけてきた。感謝のしるしになめてくれた。鼻をくすぐるにおい。新しい友情。

 この本を読んでみよう

『子鹿物語』（マージョリー・キナン・ローリングス）

ミッション 9

木に登って世界をながめてみよう

　くだものをとるために木に登る人はいる。高いところからのながめを楽しむために登る人も。でもそれは真理じゃない。登るための口実なんて、まったく意味がないんだよね。登るという行為を楽しむためだけに、ただ登ることが大事なんだ。
「技術は経験とともに」。まずはやってみよう。手で幹を持って、やにでべとべとした樹皮に顔をこすりつけ、ひざをすりむいて、落ちて、もう一度登る。枝がきみの体重を支えてくれるか、空中に放り出すかは、本能的に察知しないといけない。そして、まだ登れるのか、降りるべきかの見極め方もまた学ばないといけない。

　登るときは、いつも自分を3点で支えているようにしよう。高いところの枝に手をのばすとき、もう一方の手はどこかにし

っかりとしがみついていないといけないし、足はしっかりと体を支えていないといけない。飛びはねたり、無茶な動きはしないこと。

　サンダルや裏がつるつるの靴は危ないな。安全なのは、ハイキング用の登山靴だ。ほんとうは、はだしで登るのがいちばんなんだけどね。

　てっぺんまで登れたら、できるかぎり長くそこにいてみよう。葉っぱの陰にかくれて、だれにも姿を見られることなく、だれにも聞かれることなく。

　そこは特別な場所。すべてがきみのものだ。

 ミッション・コンプリート！

きみが登ったなかでいちばん高い枝からとった葉っぱをテープで貼りつけよう（慎重にね）。

経験値

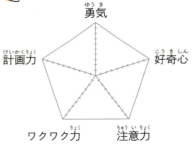

勇気 / 好奇心 / 注意力 / ワクワク力 / 計画力

ねえ、覚えてる？

そこから見た世界は、ぜんぜんちがってた。きみの下に空があった。力をこめてしがみついたかたい幹。足の下でパキパキ鳴った枝。下を見ようと頭をかがめたら、小枝がきみをくすぐった。もっと高くにって思って、こわくて、やっとたどり着いた世界のてっぺん。

この本を読んでみよう

『木のぼり男爵』（イタロ・カルヴィーノ）

ミッション 10 大人といっしょに！

木の上に家をつくってみよう

　ミッション9で、きみは木に登れるようになった。まわりを見わたしてみて。その木は頑丈かい？　ナラの木だったらしめたものだ。枝は太いし、節くれも多い。空に向かって扇形に広がっていればベスト。きみはすでに、木の上の家をつくるのに完璧な場所を見つけてるってことになる。

　残念だけど、家をつくるには、木の板や釘があるだけじゃだめ。それをうまく使える人の助けが必要なんだ。パパやママ、それかよく知ってるだれかが、ガレージに大工道具をいっぱい持ってない？　持ってたら、手伝ってもらおう。いっしょに家をつくるのは、忘れられない思い出になる。できたものが完璧じゃなくても、たいした問題じゃない。

　きみはクライミング用のロープの結び方をすでに知ってるは

ずだ。ミッション5でもう教えたからね。チャンスがあったら、こんなふうに学んだ技術をうまく使えるようにしていこう。

さあ、きみのかくれ家が完成したかな。どんなふうに使う？

枝のあいだをふきぬける風が、さわさわときみをゆすっている。だれにもじゃまされない静かなかくれ家だ。葉っぱの陰でゆっくりと本を読むのもよい。おとなりさんに挨拶しておくのも忘れずに。小枝のあいだから注意深く双眼鏡でのぞいてみよう。かわいい小鳥が小さな巣のなかできれいな声で歌ってる。あとは……自分で確かめてみよう！

✓ ミッション・コンプリート！

 経験値

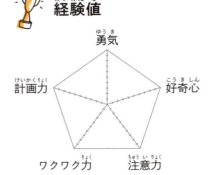

 ねえ、覚えてる？

てっぺんから下を見ると、背中がぞくぞくした。夢中でかくれ家をつくった。ここにずっといたかった。

 この本を読んでみよう

『空に浮かんだ世界』トビー・ロルネス1
（ティモテ・ド・フォンベル）

47

危ないところでねむってみよう

暗いところはこわい？　虫はこわい？　水はどう？

もしこわいなら、そんな気持ちは空き箱にでも閉じこめて、鍵をかけて投げ捨てちゃおう。今回のミッションは、こわくてふるえるような場所でねむることだ。

ひとりでやる必要はない。友だちや親にいっしょにいてもらえばいい。だけど、その場所は危険なところでなきゃいけない。

たとえば、家の外だ。外でねむったことはある？　テントや寝袋では？　まだやったことがないなら、まずは応接間でねむってみよう。それから、ベランダでねむって、庭でねむって、最終的には森のなかでねむってみるんだ。

夜の闇のなかに自分を置いてみる。はじめは何も感じられないだろう。でもリラックスすれば、まわりの大地の声が聞こえてくるようになる。木のゆれる音。夏ならセミやコオロギの声。

大きな通りの近くなら、高圧線のブーンという音。感覚がまるで変わっていくのがわかるだろう。耳や鼻が何千個もあるような、アンテナがピンと立ったような感覚だ。

● **夜は長い……**

きみは家からはなれた、暗くてさびしい場所にいる。となりには勇敢な冒険仲間がいる。長い夜をどうやって過ごす？ もちろんきまってるね。こわい話をするんだ！

幽霊の話、狼男の話、魔女の話なんかが定番かな。自分なりにアレンジしたり、きみがオリジナルでつくったこわい話でもOK。ルールはひとつだけ。きみ自身もこわくてふるえちゃうような話をすること！

 ミッション・コンプリート！

きみがねむった場所で、こわかったものを書いてみよう。ぜんぶ書くんだよ！

経験値

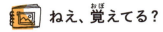 ねえ、覚えてる？

自分がこの神秘的な世界の一部なんだって感じた。ジンジンした背中。夜が鳴らす秘密の音。目がさえてぜんぜんねむれなくて、月を映して光ってたみんなの目。

 この本を読んでみよう

『ジャングル・ブック』(ラドヤード・キプリング)
こわい話が読みたいって？　それなら、エドガー・アラン・ポーの小説を読んでごらん。(おっとごめん、いまのは忘れて。ほんとうにこわいからね！)

ミッション 12

ねころがって星を見よう

　ミッション11をやりとげたなら、もうサハラ砂漠の砂の上でだってねむれるね。南の島のヤシの木のあいだにつるしたハンモックの上でだって。ベランダでだって。どこだっていい。目をしっかり開けて、空を見上げるんだ。何が見える？

　もし雲がないおだやかな夜なら、そこには星の天蓋があるはずだ。

　星はいつも空にある。ぼくたちが、なんならぼくらのこの星がこの世にできたずっとまえから。夜になれば、だれだって空を見上げて、その小さなきらめきのあいだに広がる無限を感じてきた。蜃気楼みたいに手は届かないのに、友だちみたいに安心させてくれる。星はその命が続くかぎりずっとぼくらといっしょだ。星は信頼できる。たとえば船乗りは、いまでも方角を

知るのに星をたよっている。いちばんの友だちは北極星。ずっと北を指し示しているからね。きみも探してみよう。コツを教えてあげる。まず北斗七星（大熊座の一部）を見つける。大熊座は星座の名前だ（星座ってわかる？　星をつなげたもので、何かのかたちに見えるんだ。ちょっと点々遊びに似てるかな。番号はついてないけど）。大熊座は、車輪のついてないむかしの馬車に似ている。卵をゆでるための小鍋にも見えるかな。

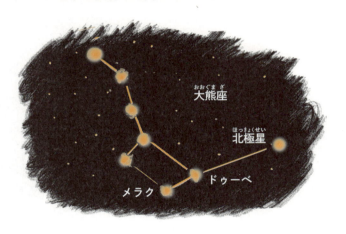

　大熊座は見つかった？　それじゃ、その星座のはしっこのふたつの星をたどろう。馬車のドアにあたる部分だね。メラクとドゥーベという名前がついている。そのふたつを結ぶように頭のなかで線を引いて、さらに先にのばしてみよう。北極星は、そのふたつの星を結んだ線を4倍ぶんのばした線上にある。
　きみたちの頭の上に広がる空には、88の星座がある。一つひとつの星が美しくかがやいている。もしあれば、天文学の本を持っていくか（家か、学校か、図書館にあるだろう）、パパかママ

にたのんで、スマートフォンにアプリをインストールしてもらおう（スカイマップのような便利なアプリがある）。そして少なくとも5つの星座を見つけてみよう。

大熊座の北斗七星をのぞけば、もっとも有名なのはオリオン座（冬に見ることができる）、白鳥座、さそり座（どちらも夏の星座）だね。

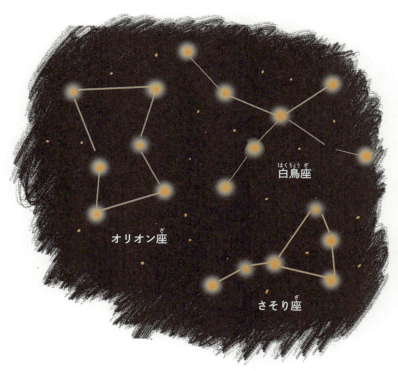

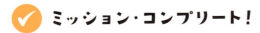 **ミッション・コンプリート！**

おもしろい星のかたちを見つけた？　カバ、傘、凧？
きみだけのオリジナルの星座のかたちをかいて、名前をつけてみよう。

 経験値

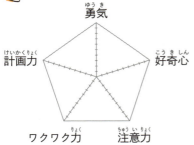

 ねえ、覚えてる？

自分がとってもちっぽけだってわかった。星のかがやきにうっとりした。真っ暗な夜のとばり、星座を長いこと見すぎてめまいがした。

 この本を読んでみよう

『ピーター・パン』（ジェームス・マシュー・バリー）

ミッション
13

ほんものの杖をつくろう

　歩くのに足だけじゃ厳しいときがある。急な上り坂では、足が痛みで悲鳴を上げはじめる。長く険しい道を歩くとき、きみの体は助けを求める。地面、岩場、沼地とかが、きみの体に大きな負荷をかけるよね。そんなとき、きみには信頼のおける旅のおともが必要になる。何かって？　それは、ほんものの杖だ。
　杖はぼくらが歩くのを助けてくれるだけじゃない。即席の担架をつくるのにも使えるし、溝を飛びこえたり、川の深さを測ったり、真っ暗ななかで仲間とはぐれないようにするときにも使える。杖をつくるのに最適な木材は、ミズキ、トネリコ、カエデ、コナラ、カシ、ハリエンジュ、キングサリ、ニワトコ、ニレの木だ。でも、杖をつくるために木の枝を切ったりしちゃいけないよ。それは自然への冒涜だし、そもそも生のやわらかい木は杖には適していないんだ。

森に入って、ちぎれて地面に落ちてる枝を集めよう。まっすぐで、きみの身長くらいの長さがいい。あと、にぎりやすさも大事だね。そういうふうに考えると、きみの杖にちょうどいい枝は、きみ自身にしか決められないんだ。太すぎるのも困るね。直径2cmくらいのものがいいだろう。

ナイフは持ってる？　そいつで枝をけずっていこう。障害物の多いところでも折れちゃわないように、杖の先をとがらせて頑丈にするんだ。

それが終わったら、にぎるところもきれいにしておこう。ごつごつした部分をそいでおくんだ。

かたい節がなくなるまで、ナイフの刃をすべらそう。

最後に、杖に定規を当てて、目盛りを刻んでおく。屋外で手元に定規がないときでも長さを測れるようにね。名前とつくった日にちも入れておこう。

ほら、最高の旅のおとものできあがりだ！

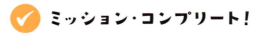

✓ ミッション・コンプリート!

完璧な杖をつくるための枝を見つけた場所を書こう。

経験値

勇気
計画力
好奇心
ワクワク力
注意力

ねえ、覚えてる?

古い木と静かな木もれ日がそっとかくしていた、すてきな森の秘密。同じように見える木がぜんぜんちがってた。作業に没頭してジンジンしびれた指。地面にさしてまっすぐにのびた、きみだけの杖。

この本を読んでみよう

『指輪物語』(J. R. R. トールキン)

57

ミッション 14 大人といっしょに!

真っ暗な夜に外を歩いてみよう

　一日は大きくふたつに分けられる。太陽の光に照らされて、みんなが活動する昼間。そして、月が静かに見守る休息の夜。

　だけど、夜はただ静かな何もない時間じゃない。夜は闇と神秘の帝国。むしろ昼間より多くのものに満ちあふれている。闇と静寂は、夜行性の猛禽類や、泥棒や、スパイたちにはもってこいの空間だ。だけど同時に、勇気と強さと冒険心に満ちた者もそこにいる。夜は冒険者にとって、未知の危険に満ちた活躍の場だ。

　さあ、ミッション開始だ。太陽がしずんだら家を出よう。街

を散歩してもいいけど、もっといいのは、森とか、自然がいっぱいの場所まで足をのばしてみること。

大人の人といっしょに、できれば友だちもいっしょにトライしよう。明かりがいっさいないときにだけ見えるものがある。心をたどるんだ。耳をすませて、かすかな音を聞きわける。深く呼吸をして、夜のにおいをかぎわけよう。

そこが森なら、水の音が聞こえない？ 近くに水が流れてたら、水を飲みにきた動物がいるかもしれない。おどろかさないようにそっと近づこう。イノシシ、シカ、キツネ、アナグマ、ヤマネなんかは夜に動きまわる夜行性だ。はずかしがり屋で、じろじろ見られるのが苦手なんだ。動物がきみのにおいを察知したら、にげていっちゃう。風下を陣どろう。

闇のなかでは辛抱強さが肝心だ。そこでは時間はとてもゆっくりと流れる。

● **プロのテクニック**

懐中電灯を持っておくこと。電池のかえも忘れずにね。完全な闇のなかにとり残されるのを防ぐためだ。

 ミッション・コンプリート！

夜の冒険はどうだった？　音や、においや、そのほかの何かに気づいたかい？

音

におい

そのほかの何か

経験値

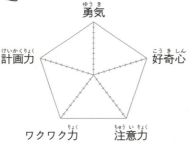

 ねえ、覚えてる？

ゆっくりすぎるくらいにゆっくり歩いた。街灯の明かりがなくなった。自分が照らしたいものだけを照らしてるような月。肌で感じられるくらいに闇がすぐそばにあった。すべてが秘密に包まれて、きみ自身も、夜のなかにとけてった。

 この本を読んでみよう

『ミナの物語』(デイヴィッド・アーモンド)

ミッション
15

日の出と日の入りを目撃しよう

　夜が終われば、朝が来る。ぼくらはそれをごくあたりまえのことだって思ってるけど、これ以上すてきなことはない。ぼくたちという存在があるのは太陽のおかげなんだ。その巨大なかがやく星は、想像もできないようなエネルギーをぼくらにプレゼントしてくれてる。それなしでは、ぼくらのまわりのものは何ひとつ成長できないだろう。草も、木も、動物も。海や湖の水が蒸発しないから、雲ができないし、雨も降らない。
　今回のミッションを達成するためには、一日の夜明けから日没まで、同じところにいなければならない。太陽が地平線から顔を出して、反対側の空にしずんで、星が空をおおってしまうまでのあいだずっとだ。

アドバイスがいくつかある。太陽は東からのぼって西にしずむ。その方向に障害物のない、観察にぴったりな場所を選ぶこと。夜明けと日没はいつも決まった時間に起こるわけじゃない。季節によって変わってくる。正確な時間を知るためには、WEBサイトや、お天気アプリが便利だ。ずっと起きている必要はないけど、もしできるなら、やってみよう。ミッション11、12、14、15が同時に達成できるぞ！

 ミッション・コンプリート！

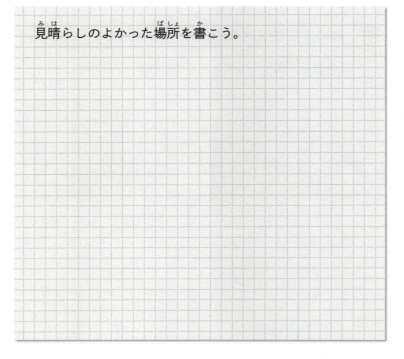

見晴らしのよかった場所を書こう。

経験値

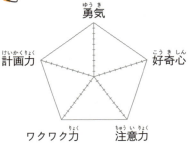

勇気・好奇心・注意力・ワクワク力・計画力

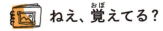 ## ねえ、覚えてる？

カラフルなパレットみたいにいろんな色が見えた空。肌をさした光のシャワー。まるで生きものみたいに、一日が生まれて、死んでいく。あと、あたりまえだけど……ねむくてたまらなかった。

 ## この本を読んでみよう

『海辺の王国』（ロバート・ウェストール）

ミッション 16

植物を種から育てよう

　このミッションは考えているよりもかんたんじゃないぞ。でもミッションを達成したら、ごほうびもあるからね。たとえばバジルの葉っぱ。ピザにのせて食べるとおいしいぞ。楽しみ！

　まずは育てる植物や花を選ぼう。すべての植物には植えるべき季節があるから、ちゃんと調べること。たとえばバジルは春の終わりごろ、4月から5月にかけてだ。

　うちに庭やベランダがないのなら、家のなかでも育てられるよ（窓辺とか、日の当たるところでね）。

　植木鉢はわざわざ買わなくても、プラスチックの小さな容器の底に穴を開けたものでいい。スーパーでサラダやトマトを買ったら入れてあるようなやつだよ。腐葉土は少し必要かな（これもスーパーで売っている。園芸用品店にもあるよ）。そしていちばん大事なのは、種。これはとっても安く売っている。

65

それじゃあ、植木鉢やプラスチックの容器に、だいたい半分くらい腐葉土を入れよう。そしたら種をまいて、上からさらに土をうすくかぶせるんだ。そしてこれが肝心、水をやること。ただし、コップでドボドボとやるんじゃなく、霧ふきやじょうろでやさしくあげること。種が流れていっちゃうからね。

ここまでやったら、容器の上にサランラップや透明なビニールをかぶせよう。保温と保湿のためで、透明なのはちゃんと日光を通すため。あと、容器の下に小皿をしいておくのも忘れずに。種が吸収しなかった水が下からこぼれ落ちてくるのを受けとめるためだ。

だいたい1週間くらい経ったら、はじめの芽が出てくるだろう。そしたらかぶせていたものをとり除こう。この段階になるともう必要ないんだ。ゆっくり、ゆっくりと、芽は育っていく。太陽の光を当てるのと、定期的に水をやるのを忘れないように。芽が5〜6cmに育ってきたら、弱い芽を間引いてやること（残念だけど、この子たちを育てようとしてもむだなんだ）。そして残りの元気な子たちを、より強く、たくましく成長させる。

いろんな花ごとに、種をまく時期はちがう。

1〜3月：ホタルブクロ、カーネーション、キンギョソウ、カスミソウ

4〜6月：マーガレット、サクラソウ、アサガオ、ヒマワリ

7〜10月：パンジー、ポピー、ヤグルマギク、ワスレナグサ

植物や花の種をまくときは、その時期を注意深く見極めなくちゃいけない（きみの住んでるところが暖かいか寒いかによっても変わってくる）。植物によって、要求してくることはぜんぜんちがう。注意深く世話をしてやることだよ。

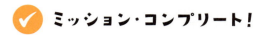

ミッション・コンプリート！

なんの種を植えた？

植えた日付

はじめの芽が出た日付

経験値

ねえ、覚えてる？

土の香り。つまんだ指をやわらかくおし返してきた小さな芽。自分が世話をした何かが育っていくのを見たら、なんだかあったかい気持ちになった。

この本を読んでみよう

『秘密の花園』（フランシス・ホジソン・バーネット）

> ミッション
> **17**　大人といっしょに！

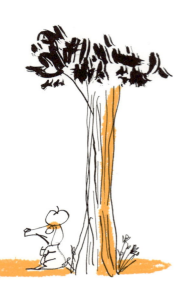

パチンコをつくって使いこなそう

　さて、ここいらで、わんぱく者が使うとっても原始的な道具を教えようかな。道端で遊ぶ子どもたちにとってのトロフィー、いたずらっ子の王のしるしだ。つくるのはとてもかんたんで、そのための材料もとても少なくてすむ。かかる費用もほぼゼロに近いか、タダでだってつくれる。ただし、こいつをうまく使いこなせるようになるには時間がかかるけどね。

　今回のミッションの内容は、つくるのと、使いこなすの、どちらも達成することだ。パチンコをつくれるようになることと、それを使って標的に命中させること。きみの腕前を見せつけてやろう。

　パチンコをつくるには、アルファベットの「Y」のかたちを

した枝が必要だ。公園や、森や、庭で拾ってこよう。

いちばんいいのはオリーブの木。だけど、まあ、やわらかい木だったら、なんでもOK。つかみをつくるための小さな革の切れはしと、ゴムひもも必要だ。ゴムひも部分に使うのに最適なのは、止血用ベルトだね。注射のときに使うやつで、薬局に行けば売ってるよ。

つかみ（これは石の弾をセットする部分のことだ）は、革の切れはしでつくる。はきつぶした靴やもう使わない鞄のはしっこをちょん切ればいいかな。ふたつに折ったときに、親指の先くらいの大きさの石がすっぽり入るくらいのサイズが必要だ。その革の両側に、ゴムひもを通すための穴をひとつずつ開けよう。

思いどおりのかたちの枝が見つかったら、きれいにけずろう。それから、Y字の上部分の先端に切りこみを入れて、ゴムひもをくくりつける部分をつくるんだ。

枝をきれいにけずったら、その枝を200℃に熱したオーブンに5分間入れる。木が自然に乾燥するのを待ってたら時間がかかるからね。木が色づいて、こげくさいにおいがしはじめたら、とり出すころあいだ。やけどしないように気をつけて！

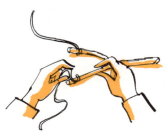

しばらく放置して冷ましたら、Y字の上の部分の先端にそれぞれゴムひもをくくりつけよう。そして、ゴムひもの反対側の先端を、

69

革のつかみの穴に通す。

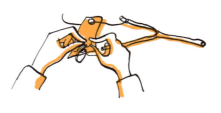

　2本のゴムひもは同じ長さになるように調節するんだよ。そうしないと、パチンコの弾がまっすぐ飛ばないからね！

　できたかな？　それじゃ、はじめての一発をぶちかまそう。けがしないように気をつけて。柄をしっかりにぎって、ゴムひもをひっぱる。パチンコをにぎるほうの手には、分厚めの手袋をしておくことをオススメする。慣れていないはじめのうちは、石が指のほうに飛んでくるからだ。同じように、プラスチックのサングラスかゴーグルをかけておくのがいい。ときどきゴムがちぎれて、目に飛んでくることがあるからね。

　練習は人気のないところか、古い壁に向かってやろう。つねに安全に気をつけておこなうこと。注意が足りなくて、だれかにけがをさせちゃ、冒険者失格だ。

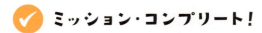 ミッション・コンプリート!

経験値

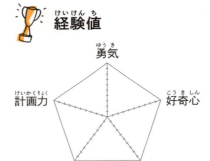

ねえ、覚えてる?

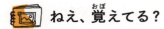

思ったより遠くまで飛ばせた弾。空き缶が紙みたいに折れまがって、はじけ飛んだ音。何かに到達しようと手をのばせば、すべてが近くにあるんだってわかった。

 ## この本を読んでみよう

『トム・ソーヤーの冒険』(マーク・トウェイン)

ミッション
18

10歩はなれた場所から空き缶をたおそう

　いまやきみは自分専用のパチンコを持っている(ミッション17でつくったよね)。それを使ってもいいけど、できれば自分の手で石を投げて、空き缶をたおしてみよう。それが今回のミッションだ。

　広くて人気のないところを探そう。町なかじゃないほうがいいな。

　空き缶を持ってきて、箱かケースかブロックの上に立たせよう(じゅうぶんな高さのあるものを探そう)。まずは5歩の位置から投げてみよう。かんたんだろう？　それじゃあ、もう5歩はなれてみよう。こんどはだいぶ難しくなったんじゃないかな？

　やってみた？　ビギナーズラックだったって？　5回連続で的をたおせたら、このミッションは完了だ。

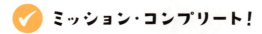 **ミッション・コンプリート！**

 経験値

勇気
好奇心
注意力
ワクワク力
計画力

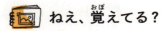 **ねえ、覚えてる？**

ぜんぜんちがうところに飛んでいった弾。腕と肩がつかれて上がらなくなった。やっと的をたおせたとき、激しく胸が高鳴った。

 この本を読んでみよう

『ロビン・フッドの冒険』（ハワード・パイル）

ミッション 19

高い丘から転がりおりてみよう

　冒険者ってやつは、だいたいみんな高いところが大好きだ。そこから上にはもう何もなくて、息を飲むような景色が広がっている、そんな場所。はてしない世界の上に視界が広がり、夢は雲のあいだをぬってどこまでも羽ばたいていく。

　そんな体験をしたいがために、おおぜいの登山者たちは命をかけて、たとえばエベレストの頂上をめざす。そこはめったなことでは到達できないほど危険だけど、たまらなく魅力的で……なんといっても、世界一高い山なんだ！

今回のミッションを達成するためには、まずネパールに行って、シェルパの一団をやとう……必要はないよ！　自分の行ける範囲でいちばん高い丘を探して、その頂上までよじ登るんだ。いちばん高いところだよ。少しでも低いところで満足しちゃいけない。

それはすばらしい瞬間だ。どこまでも広がる景色が、きみの心をまっすぐに打ちぬくはずだよ。目を閉じて、大きく深呼吸しよう。

満足したら、いよいよ優雅におりる時間。きれいな、急勾配のだだっ広い斜面を見つけよう。何もないところ、とくに石やほかの障害物がないところを見つけないといけないよ。よく確認しておかないと、けがをしちゃうし、ウシの糞の上に着地なんてことにもなりかねない。

さあ、出発だ！　地面の上にあお向けになって、腕を体にそわせて、足を閉じてまっすぐにのばそう。そうそう、ソーセージになったみたいにね。それじゃ、動物みたいにおたけびをあげて、転がりおりよう！

友だちといっしょにやるなら、だれがいちばん早く転がりおりるか競争しよう。勝った子はつぎの冒険のリーダーだぞ。

75

ミッション・コンプリート！

受けた傷と、破れた服を書いておこう。

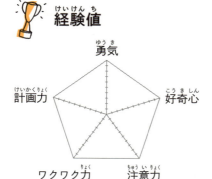

経験値
- 勇気
- 好奇心
- 注意力
- ワクワク力
- 計画力

ねえ、覚えてる？

世界は大きくて、はてしなかった。転がりおりるときに、おなかがチクチクしたあの感じ。頭がぐるぐる、ぐるぐる、ぐるぐる回った。

 ## この本を読んでみよう

『ウォーターシップ・ダウンのうさぎたち』
（リチャード・アダムス）

野生の動物を3種類、写真にとってみよう

　シカは水を飲む直前、耳をピンと立てて、首をまるめて、筋肉を硬直させる。自分たちをじゃまする者がいないか、神経をとがらせてるんだ。だけど水を飲んでるあいだは、意外と無防備になる。

　争っている2頭のイノシシのようすは、バーでけんかして追い出されたよっぱらいふたりの言いあらそいにそっくりだ。ブーブー言いながら頭から湯気を出して、チョロチョロ動きまわっている。すきを見て、むき出しの牙で少しでも早く相手をやっつけてやろうって息巻いてるんだ。

動物たちの生き生きとした瞬間を永遠のものにするために、写真をとってみよう。かれらは見られることを好まない。必要なのは3つ。カメラ、観察に最適なポイント、そしてただただじっと待つ辛抱強さだ。
　今回のミッションは、少なくとも3種類の動物を見つけて、こっそりと写真におさめることだ。

 ミッション・コンプリート！

写真をとった動物の名前を書こう。

1.

2.

3.

経験値

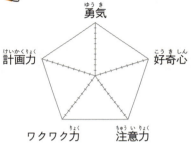

勇気
計画力
好奇心
ワクワク力
注意力

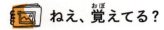
ねえ、覚えてる?

身をひそめて、待ちぶせして、ただじっと過ごした。心臓だけがドキドキ動いた。一瞬で、目の前から何もいなくなった。

この本を読んでみよう

『片目のオオカミ』(ダニエル・ペナック)

ミッション 21

森の生きものの足跡をたどろう

　森は生きている。昼と夜っていう自然のリズムのなかで、動物たちはときに出会い、ことばを交わしている。大きな動物でも、小さな動物でも、えさを探すためにはどうしても動かなくちゃいけない。森のラッシュアワーは、夜のはじまりと、夜明け近くだ。

　目をきたえて、動物たちが通った痕跡を見つけてみよう。森のなかに、あっちに行ったりこっちに行ったりしてる足跡がある。だれのものだろう？　知りたい？　それならこのミッショ

ンをやってみよう。うまく動物を見つけたら、ミッション20も同時にできるかも！

やるべきことはつぎのとおり。足首を保護するためにブーツ、分厚い靴下、長ズボンをはく。そして動物の足跡を探して森にわけ入るんだ。足跡の輪郭がくっきりしていたら、それはまだ新しい足跡だ。でもたいていの場合、少しすると湿気で輪郭はぐちゃぐちゃになって、空気をぬいた浮き輪みたいにしぼんでしまう。

ここに、森によくすんでいる動物の足跡をかいてみよう。シカ、ハリネズミ、ウサギ、イノシシ、キツネなんかだ。

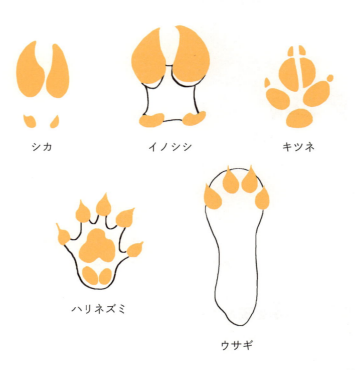

シカ　　　イノシシ　　　キツネ

ハリネズミ　　　ウサギ

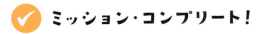 ミッション・コンプリート！

見つけた動物の足跡をかこう。

 経験値

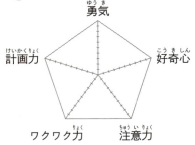

 ねえ、覚えてる？

わきあがる好奇心。地面と木々の強いにおい。動物の気配もなく、あてどなく歩きまわった。いくら足跡を追っても、なぜかぜったい巣にはたどり着けなかった。

 この本を読んでみよう

『たのしい川べ』（ケネス・グレアム）

大人といっしょに！ ミッション 22

火をおこしてみよう

　窓の外では風がふいて、雪が降っている。熱でふるえてねこんでいる。そんなときでも、暖房のスイッチを入れるだけで快適に過ごせる。人類がいつもかかえてきた問題を、ぼくたちはそうやって解決した。寒いときには、暖かくするってね。
　でも暖房っていう文明の利器がない場所にいた場合、いったいどうする？　ゴビ砂漠の真んなかとか、アンデス山脈とか、山登りのキャンプの最中とか。そんなときは、もう一度古いやり方にたちかえってみよう。
　火をつけるのって、暖かくするためだけじゃないよね。料理

をするときにも必要だし、危険な動物を遠ざけるためにも、月のない夜にキャンプを照らすのにも役に立つ。

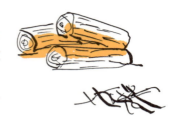

というわけで、どうやって火をつけて消すか、いかに火を使いこなすかについて、ぼくたちは知らなければいけない。いちばん大事なことは何か？　それは準備だ。風がふいていないところを探して、地面をきれいにして、小枝や葉っぱをとり除く。そして石を円状に並べて、その中央に小さいくぼみを開ける。これがきみのかまどだ。

燃料としてもっともポピュラーなのは、木の枝だね。森に入って、乾燥してる枝をたくさん拾ってこよう。最高の燃料になるぞ。いろいろな大きさの木が必要だ。軽い小枝から、大きな薪みたいなやつまで。大きすぎるなって思ったら、切ってちょうどいい大きさにしよう。

火をつけるためには、火口がいる。これは、木に火をつけやすくするためのものだ。わらがベストだけど、木の切れっぱし、鳥の羽、おがくず（木を切ったときに出るやつだ）、ポテトチップス、ワセリンを染みこませた綿くず、あとは、動物のかわいた糞なんかもいい。

細い枝を組みあげて、その真んなかに火口を入れよう。

火をつけるにはいろんなやり方がある。ライターはいちばんかんたんな方法だ（もちろん、サバイバルのプロも使う）。

マッチも同様だね。そう、あの小さな木の棒だよ。蝋を一滴、先っぽに垂らしておけば、万が一水に落としてぬれちゃっても使えるぞ。

　虫眼鏡を使ってもいい。太陽の光を一点に集めたら、それを火口に当ててしばらくそのまま。しばらくしたら、うっすら煙が出てくるだろう。そしたらそっと息をふきかけて、火がつくのを手伝ってあげよう。

● **大事なこと**

　イタリアでは（❗日本でも）、火をつけるのが禁止の場所がたくさんある。自然公園では、調理のための設備が整っているポイントを探そう。危険が大きいから、夏場だけ禁止ってところもある。火事にならないように、明記されてると思うから、ちゃんと調べておくこと。

ミッション・コンプリート！

経験値(けいけんち)

勇気(ゆうき)
計画力(けいかくりょく)
好奇心(こうきしん)
ワクワク力(りょく)
注意力(ちゅういりょく)

ねえ、覚(おぼ)えてる？

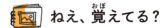

森(もり)で薪(たきぎ)を拾(ひろ)ってると、昔話(むかしばなし)のなかにいるみたいだった。火(ひ)をつける木(き)を選(えら)んだ。念(ねん)入(い)りにつくったかまど。火がついてきたときのパチパチと木のはぜる音(おと)。きみのほっぺたをこがした熱(あつ)い炎(ほのお)。

この本(ほん)を読(よ)んでみよう

『ひとりぼっちの不時着(ふじちゃく)』（ゲイリー・ポールセン）

ミッション 23 大人といっしょに!

きのこの見分け方を覚えよう

　旧石器時代、はるかなむかしには、工場も会社も、学校も飼育設備もない。その時代に生きていた人たちは、働きにいくこともないし、お金をかせがなくてもいいし、食べものを買う必要もなかった。そのころ、人びとはどうやって生きぬいていたんだろう?

　そのころの人びとは、狩りをするか、採集をして生きていた。つまり、森を歩きまわって、食べるための動物やくだものを探していたんだ。だけどそのやり方じゃ、つねに食べものを探しつづけないといけない。1日でも収穫がない日があれば、かんたんにおなかぺこぺこになってしまう。

　今日でも、そんなやり方で生きている人びとはいる。たとえばピグミー族だ。カラハリ砂漠のサン人もそうだね。今回のミ

ッションでは、自然のなかで食べられるもの（しかもおいしいもの！）を学んで、かれらの生活をまねてみよう。たとえば、きのこだ。

きのこはかなり特殊な有機体だ。葉緑素がないから植物ともいえない。腐敗した有機物から栄養をとるきのこもあるし、木と共生して、栄養分をおたがいにやりとりしているきのこもある。カビみたいなかたちで屋内の湿気のある場所に生えているものもあるし、草原に生えて食べられるきのこもある。でも、覚えるだけにしておこう。とっちゃいけないよ。

有名なきのこを書いておくので、森で見つけたら、メモしておこう。

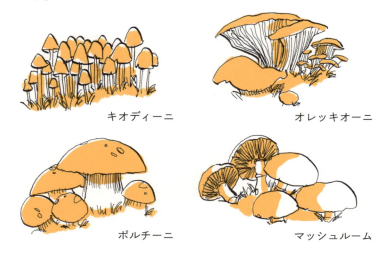

キオディーニ　　　　　オレッキオーニ

ポルチーニ　　　　　マッシュルーム

これらのきのこは、日本の野山では見ることができません。別のきのこを探してみましょう。ただし、きのこには毒きのこもあるので、採集しないようにしましょう。見分け方については、地域のきのこ博士に教えてもらうのもいいでしょう。

88

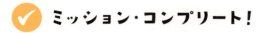

ミッション・コンプリート！

見つけたきのこの名前を書こう。

めずらしいものを見つけたら、メモしておこう。

経験値

勇気／計画力／好奇心／ワクワク力／注意力

ねえ、覚えてる？

きのこの強烈でカビくさいにおい。ふみしめた秋の大地はとてもふかふかだった。落ち葉のじゅうたんの上を歩く感触。探していたものが見つかったときは、飛びあがって喜んだ。

この本を読んでみよう

『床下の小人たち』（メアリー・ノートン）

89

ミッション 24

雪だるまをつくろう

　やわらかい羽毛布団にくるまって、ベッドの上を転がるのは好き？　じゃあ、雪はどう？　雪は、いねむりしてるあいだに自然がかけてくれた毛布みたいなものだ。無茶しないように気をつければ、ぼくたちを心ゆくまで遊ばせてくれる。
　たっぷりと服を着こんで、雪かき用のシャベルを用意したなら、さあ外に出よう。とけちゃうまでの短いあいだだけど、とってもすてきなものをつくるんだ。
　雪だるまをつくるのに、どれくらいの雪が必要かな？　きみが思ってるよりずっと、ずっとたくさんだよ。

まず3つの球体をつくろう。大きいやつ、中くらいのやつ、小さいやつ、の3つだ。雪を思いきりぎゅっとして、圧縮してかたくする。ぎゅっとしたらそれだけ小さくなるから、たくさんの雪が必要だぞ。

いちばん大きな球体は、雪だるまの土台となる部分。おなかとか、足とかの部分だね。中くらいのやつは胸。いちばん小さいのが頭だ。それらを順番に、バランスよく上にのっけていく。うまく支えられなかったら、長い棒をつきさして固定しよう。ちょうど背骨みたいな感じでね。

このままじゃ、腕がないよね。よし、長い枝を2本持ってきて、つきさそう。顔の真んなかには、アニメによく出てくるような感じで、にんじんをくっつけて鼻にする。にんじんは鳥がすぐ食べちゃうかもしれないから、木の枝のほうがいいかもしれないな。目には黒い炭の切れっぱしなんかをふたつ。風よけに古い帽子をかぶせよう。

さあ、口は何でつくる？　名前は何にする？

91

 ミッション・コンプリート！

経験値(けいけんち)

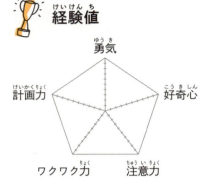

ねえ、覚(おぼ)えてる？

寒(さむ)かった。白(しろ)かった。ふわふわした雪(ゆき)の山(やま)にかたちをあたえるのは、なかなかに骨(ほね)が折(お)れた。

 ### この本(ほん)を読(よ)んでみよう

『スノーマン』（レイモンド・ブリッグズ）

ミッション
25

本格的な雪の家をつくってみよう

　イヌイットはわかる？　そう、一年中、北極圏の雪のなかに住んでいる少数民族だね。イヌイットの家はイグルーっていって、雪でできている。日本だとかまくらみたいなものかな。思ったよりかんたんにつくれるんだ。材料はもちろん雪だけ。こおっていれば、なおいいけどね。ミッション24といっしょにやってみよう。

　まず雪をぎゅっとして、レンガのかたちをたくさんつくろう。らくなのは、シャベルと底のぬけた木の箱を使って、型をぬいていくやり方。

93

できたブロックを、円形に、ひとつずつくっつけて並べていく。ブロックとブロックのあいだにすきまができたら、やわらかい雪であいだをうめよう。できたら、いま並べたブロックの円の上に、さっきより少しだけ小さい半径で、同じように円形にブロックを積んでいこう。そんなふうに建てもののてっぺんをすぼめるように、ブロックを高く積んでいくんだ。

　ブロックが頂上までできたら、雪の球をひとつつくって、てっぺんに栓をしよう。どう？　くずれずにちゃんと立ってる？　やったね！

　最後に、出入り口を開けよう。

　四つんばいになって通れるくらいの大きさは開けておかないとね。杖かナイフで、だいたいの大きさに切れこみを入れて、その部分の雪をとり除く。イヌイットのつくる本格的なイグルーは、風がなかにふきこんでくるのを防ぐために、出入り口用の小さなトンネルをつける。余裕があったらやってみよう。

　さあ、完成！　なかはどんな部屋にする？

ミッション・コンプリート！

忘れないように、雪の家がどんなだったかスケッチしておこう。少しゆがんでても気にしない。完璧じゃない作品のほうが、えてして魅力的なんだ。

 ### 経験値

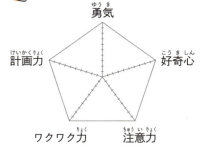

 ### ねえ、覚えてる？

寒くて真っ赤になったほっぺた。手をジンジンとしびれさせた雪。レンガを積んでいくと、だんだん家のかたちができてきた。完成したときはうれしくて声が出た。うっかりなかに閉じこめられた。

 ### この本を読んでみよう

『野性の呼び声』（ジャック・ロンドン）

ミッション 26

雪そりでジャンプしてみよう

　ミッション19の丘を覚えてる？　冬になったら、もう一回行ってみよう。こんどはそりを持って、一面に積もった雪の上をすべりおりるんだ（難しいかな？）。
　もしそりが好きじゃないか、うちになかったら、長めの板か、使ってないタイヤをかわりに使おう。たっぷり服を着こんで、ボタンを上まで留めておこう。そしたらそりから転げ落ちても、衝撃をやわらげてくれるからね。
　もし斜面をすべりおりるのがかんたんすぎて物足りないなら、シャベルを使って、ジャンプ台をつくってみよう。下り坂のい

ちばん下あたりに、雪をひとかたまり集めて、石みたいにかたくおし固めるんだ（いちばんスピードが出ているときにジャンプできるようにね）。いったん宙に放り出されたら、もう止まれない。イメージできた？

　それじゃ、勇気を出してやってみよう！　どれくらい遠くまで飛べるかな？

 ミッション・コンプリート！

経験値

ねえ、覚えてる？

顔をこおりつかせるような寒さの風。何度も坂を上まで登って、息が切れた。着地に失敗して、頭から雪につっこんだ。

 この本を読んでみよう

『アルプスの少女ハイジ』（ヨハンナ・シュピリ）

ミッション 27

雪合戦で大バトル

　今回のミッションは、「戦い」をすること。本格的な戦いをするためには、おおぜいの人間が必要だ。
　戦いは、毎日洞窟から出るだけで生命の危険にさらされていた原始時代の本能を呼びさましてくれる。戦いをとおして感覚は研ぎすまされて、目も耳も鋭敏になり、脳は活発に働きはじめ、動きを察知することも、かすかな音を聞きとることもできるようになる。機能を増すのは脳だけじゃない。心臓は激しく鼓動し、血液とアドレナリンを体中の筋肉に送りはじめる。走れ！　命令すれば、筋肉はすぐにそれに従うだろう。気をつけろ！　待ちぶせだ！　そうさけべば、危険を回避するために一

瞬で動くことができる。攻撃し、攻撃される。なぐり、なぐられる。

だけど、だれも深刻なけがはしない。すべてが終われば、腕を組んで友だちになれる。

● **戦いのルール**
・なぐってけがをさせてはいけない
・中断を求められたら、すぐにやめること
・だれかがけがをしたり、助けを求めていたら、すぐに気づいてあげること

● **雪合戦**

冬にやって、なんといってもおもしろいのが、雪合戦だ。雪が降ったら積もるのを待って、友だちに連絡をして、ほかにだれもいない広場で待ち合わせしよう。車の停まっていない駐車場や、畑なんかもいいね。人数を数えたら、くじをつくって、少なくともふたつにチーム分けをしよう。チームごとに散らばって陣地をつくる。15分で自分たちの砦をつくろう。

砦はきみたちの避難所だ。そこにかくれて、敵の弾から身を守る。メインの砦は家にもなる。そのなかにいれば敵の攻撃は届かない。雪の弾以外で、砦自体を壊すような直接的な攻撃はしちゃいけないんだ。砦はきみたちを守るために、しゃがんだらすっぽりかくれられるくらいの高さと、仲間の2、3人が入れるくらいの広さがなくちゃいけない。

たくさん必要なのが、軍事物資。要するに雪の弾だね。たくさんあればあるほどいい。砦のなかにストックしておこう。つかみやすくて投げやすい弾がいい。あまりかたくしすぎると、石みたいになっちゃって危ないから、軽くぎゅっとにぎるだけでOK。あくまで当てるだけ、けがをさせちゃいけない。何か問題があれば、いったん戦いを中止しよう。ほかのルールはとくにない。砦をかわして、敵に攻撃を浴びせるんだ。弾をくらったら、死んだまねをして、ゲームオーバー。雪の弾がなくなるまでやろう。だれかが混ぜてくれって言ってきたら、大歓迎。もっとも大きい雪合戦は、アメリカのシアトルで開催される世界大会だ。その大会での砦の数、なんと5834個。もっと大きな雪合戦、やってみる？

雪合戦はぼくたちが大好きな遊びのひとつだ。あったかい季節なら、水鉄砲もおもしろい。寒いけど雪が降ってないときなんかは、ガレージや空き部屋で枕投げって手もある。覚えておかないといけないのはひとつだけ。すべてのゲームで、「戦いのルール」は守らないといけない。

ミッション・コンプリート!

くらった傷と破れた服を書こう。

 経験値

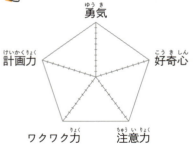

 ねえ、覚えてる?

考えるよりさきに体が動いた。予想もしてなかった瞬間に攻撃をくらった。みんなで笑った。ほんとうに、心の底から。

 この本を読んでみよう

『ボタン戦争』(ルイ・ペルゴー)

ミッション
28

化石を探してみよう

「時間」について考えたことはある？　きみが生まれたのはせいぜい10年かそこらくらいまえのことだよね。

テレビは100年近くまえに発明された。

アメリカはだいたい500年くらいまえに発見された。

文字はおよそ5000年まえに発明されたといわれている。

化石のもととなった生きものは、少なくとも200万年以上まえに地球上に存在していた。

この大地は、45億7000万年の時間をかけて、ゆっくりといまのかたちになっていった。

化石は、かつて生きていたものが、石になったものだ。恐竜、軟体動物、花、植物の種から、単細胞生物（細胞がひとつしかない生物で、ある種の藻やきのこなどがこれにあたる）まで。それははるかな太古の、想像もできないようなむかしを写す写真だ。

化石ができるのって、じつはとてもめずらしいことなんだ。だって死んだ生きものって、ほっといたらくさったりしてなくなっちゃうだろう？　化石は、分解されるかわりに、有機組織が石になった、かなり特別な状態だ。だれかに発見されるまで地面の下に何百年もいる。そのだれかというのは……もしかしたらきみかもしれないぞ！

　今回のミッションには、写真をとる機械が必要だ（携帯電話でじゅうぶんだよ）。そして化石が地表に露出してそうなところを探そう。「切りたった崖」があったら行ってみよう。土砂くずれしたり土がほり起こされたりして、山がふたつに分断されてるようなところだよ。あとは、堆積岩がごろごろした川岸とか（風や水で浸食されて転がってるんだ）、洞窟のなか、人があんまりこない海岸とかだ。

　ひとつでも化石を見つけたら、写真をとろう。化石を持ってかえったらだめだよ。化石は貴重で、とてもこわれやすい。見つけた場所にそっとしておくんだ。

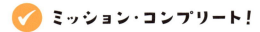

✓ ミッション・コンプリート！

見つけた化石の絵をここにかこう。

経験値

ねえ、覚えてる？

時空をこえて、きみは何を見た？

この本を読んでみよう

『地底旅行』（ジュール・ヴェルヌ）

ミッション
29

秘密結社を結成しよう

　きみがこのミッションにいどんでいることは、だれにも知られてはいけない。けっしてだ。
　このページは内緒で読むこと。できればカバーをかけて、懐中電灯の光でこっそり読もう。もしミッション9でやったみたいに木の上にかくれられるのなら、そこで読むのもいいかもね。
　秘密結社っていうのは、冗談で言ってるんじゃない。それを秘密にしておくために、最大限の用心が必要だ。ほんの少しのまちがいで、秘密は暴かれて、すべてが白日のもとにさらされてしまう。
　友だち何人かで、秘密結社を結成しないかって話し合ってみ

105

よう。信用のおける、いや、ぜったいに口を割らない友だちじゃなきゃだめだよ。それこそ命をかけて信頼できるくらいでないと。この話し合いは学校でしてもいいけど、リスクが高い。壁に耳ありっていうだろう？　だれかの家に行って、部屋のドアを閉めきってやろう。

　選挙で党首を決めよう。党首は発言の機会をあたえたり打ち切ったり、投票をおこなう権限をもつ者だ。すべては多数決で決める。

　秘密のノートに書くのは、以下のような内容だ。

　1──結社の名前を決めよう。魅力的で、神秘的な名前でないといけない。だれもその意味がわからなくてもいい。メンバーだけはわかっているんだから。

　2──掟をつくろう。結社の目的がなんなのかを決めるんだ。たとえば、敵と戦うこと、社会のウソを暴くこと、弱い者や不当に犠牲になった者を守ること……。会議でいろんな案を出して、投票をする。過半数が賛成だったら、それは決まりってこと。すべてのメンバーの名前を書いて、確認のサインをしよう。党首はそのオリジナルを厳重に保管しておこう。

　3──誓約書を書こう。結社に入るためには、まず宣誓が必要だ。だいたいこんな感じでね。「わたしは何があっても結社の決まりを守ることをちかいます。また、自分やほかのメンバーが結社に所属していることを秘密にし、結社のために力をつくすことをちかいます。もしこれを破った場合、舌を切り落とします」

　このちかいはろうそくの明かりのもとで、すべてのメンバーの立ち会いのもとで読みあげること。

4─会員証をつくろう。自分がメンバーであることを示す身分証明書みたいなもんだ。名刺くらいの大きさの厚紙を用意して、結社の名前を太く書く。そのあとに自分の名前を書いて、最後に「秘密のメンバー」と記しておこう。

5─秘密の合いことばを決めよう。かくれ家や秘密集会に入るときに使う、仲間だけがわかることばだ。

秘密結社ではどんな活動をしよう？　この本で紹介しているミッションをやってもいいね。ほかのメンバーにも教えてあげよう。また、メンバーでない友だちにも声をかけて、いっしょに宝探しをしてみよう（ミッション1でやったやつだよ）。結社のメンバーにふさわしい有能なやつがいるかどうか見極めるためだ。また、メンバーみんなで危険なところでねむってみよう（ミッション11でやったね）。みんなを信用して、おたがいに助けあうんだ。

そうすれば、きっとみんなででっかいことができる。

ミッション・コンプリート!

秘密結社は秘密でなければならない。すなわち、ここにも何も書いてはいけない。

 ### 経験値

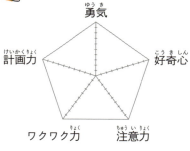

 ### ねえ、覚えてる?

結社の名前を決めるために何時間も話し合った。秘密の活動をするためにいっしょに過ごした午後。結社の存在がなぜかばれた。裏切り者がいるだなんて信じたくなかった。

 ### この本を読んでみよう

『ハリー・ポッターと不死鳥の騎士団』
(J. K. ローリング)

ミッション
30

暗号を書いてみよう

　ミッション29で秘密結社を結成したよね？
　だったら、ほかの会員と秘密の連絡をとるシステムをつくる必要があるね。メールなんて、なんの役にも立たない。いつだれが、きみの携帯を持っていっちゃうかもしれない。
　秘密のメッセージを送る必要性はつねにある。たとえば戦争中、将軍が部下に命令を送らなければならないとき。作戦の実行前に、その内容を敵に知られちゃだめだろう？　知られたら、かんたんに負けちゃうからね。
　古代ローマでは、奴隷の頭をそって、そこに刺青でメッセージをほっていたらしい。髪がのびてメッセージがかくれたら、目的地に送られる。受けとったほうは、奴隷の頭をそってメッ

109

セージを読むんだ。

　気が長いやり方だなって思った？　ネット時代のいまではちょっぴり時代おくれだね。というか、頭をそって、タトゥーを入れて、髪がのびたらもう一度頭をそってくれる人間をこっそりかくし持ってるのって……めちゃくちゃ難しいよね。もっと早い、かつおもしろい方法を教えてあげよう。それはシーザー暗号だ。

　なんでそう呼ばれてるか、知ってる？　それはジュリアス・シーザーがこの暗号を使いはじめたから。これを使えば、暗号を解く鍵を知らない人にはまったくわからないメッセージをつくることができる。

　この表を見てほしい。

A	B	C	D	E	F	G	H	I	J	K	L	M	N	O	P	Q	R	S	T	U	V	W	X	Y	Z
E	F	G	H	I	J	K	L	M	N	O	P	Q	R	S	T	U	V	W	X	Y	Z	A	B	C	D

何か気づいた？
　下の段のアルファベットは、上の段と同じように順番に並んでいる。ちがうのは上の段より４つずれて書かれていることだ。シーザーは３つずらしてこれを書いた。でもシーザーにぼくたちの暗号を解読されるのはしゃくだから、ちがうのをつくってやったんだ。

　つぎのやり方に従って、暗号を書いてみよう。

　1―まず伝えたいメッセージを書こう。「CI　VEDIAMO DOPO」（日本語だと「またあとで」）

110

2— 暗号表を使って、下の段の対応する文字に置き換えてみよう。「GM　ZIHMEQS　HSTS」（4文字ずらして「もとおねぶ」）

3— そのメッセージを書いて、だれかに送ろう（メールや手紙で）。

やり方はわかった？　じゃあ、つぎの暗号を解読してごらん。「FVEZS　GM　WIM　VMYWGMXS」（「つかせき　けよぶねき」）

もっと複雑な暗号をつくってみたい？　だったら、下の段の文字をごちゃまぜにしてみよう。そうすれば、きみと同じ暗号表を持っている人にしか、ぜったいに暗号を解くことはできないからね！

 ミッション・コンプリート！

きみと、きみの秘密結社のメンバーだけがわかるメッセージを書こう。

経験値

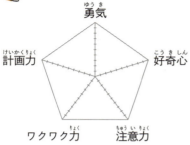

勇気
計画力
好奇心
ワクワク力
注意力

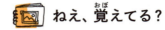
ねえ、覚えてる?

まったく読めない謎めいた文章が、ひと文字ずつ意味のあるメッセージに変化していった。陰謀の香り。自分たちだけの秘密にドキドキした。

この本を読んでみよう

『少年キム』(ラドヤード・キプリング)

友だちを尾行してみよう

　どうせわかることだからはじめに言っておくけど、尾行なんておもしろいことじゃないんだ。だから、わざわざそんなことしようなんて、だれも思わない。第一、とても忍耐が必要だし、靴はすり減るし、多くの場合、おもしろいことは何も発見できずに徒労に終わる。

　だけど、尾行はじつはとってもワクワクする、むかしからある監視の方法だ。秘密結社の諜報員なら、まず身につけておかないといけないスキルだ。

　尾行の目的は、対象がどこへ行き、だれと会うかをつきとめること。ターゲットに尾行していることを気づかれちゃいけな

113

い。気づかれたら尾行は無意味だからね。

　身近なだれかをひとり選ぼう。できればクラスメートで、住所を知らない相手がいい。尾行は学校が終わってその子が学校を出たら、すぐにはじめよう。

　けっして見失ってはいけないけど、一定の距離は保って、きみのことを見られてはいけない。直接その子を見ないようにしよう。ベレー帽をかぶったり、ぬいだりして、カモフラージュする。仮装のときに使うようなジャンパーを着るのもいいね。

　メモ帳を持っておいて、ターゲットがしたことや会った人物なんかを書きとめる。時間は細かくチェックしておこう。

　たとえばこんな感じ。「13時11分、ターゲットは地下鉄の改札を通った。定期券を持っていた」。OK?

　ターゲットの住所をつきとめたら、このミッションはクリアだ。ミッションリストから消しておこう。

　ただし、注意！　尾行されてうれしい子はいない。つねにこの本を持っておいて、万が一見つかったら、このページを見せて、何をしていたのかちゃんと説明しよう。

　もちろん、見つからないにこしたことはないんだけどね。

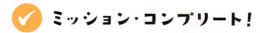

ミッション・コンプリート！

だれを尾行した？　名前を書こう。

どこに住んでた？　住所を書こう。

ほかに発見したことを書こう。

経験値

ねえ、覚えてる？

ただ待っていた長い長い時間。見つかるんじゃないかってドキドキした。ぜったいにあいつを出しぬいてやるぞって思った。

この本を読んでみよう

『シャーロック・ホームズの冒険』
（アーサー・コナン・ドイル）

ミッション
32

廃墟を探検してみよう

　知ってる？　丘の上の古いお屋敷のこと。幽霊が出るってうわさがあるんだ。岸壁の上の廃墟みたいな灯台は？　月のない夜、守衛室から明かりがもれてるって。
　森のなかのくずれかかった農家は？　オバケがうろうろしてるのを見たって人がいるんだ。
　根拠のないうわさだけど、なぜだか人をひきつける魅力があるよね。
　今回のミッションは、ミステリアスな廃墟を探検することだ。
　これだけは最初に言っておこう。廃墟はとても危険だ。長いこと手入れをしてないから、建てものは老朽化してる。もしか

したら、きみの体重で床がぬけちゃうかもしれない。壁に沿って、床がしっかりしているところを歩こう。壁にひび割れが入っている部屋には、ぜったいに入っちゃいけない。

　慎重に行動し、ひとりにならないようにしよう。ぜったいに仲間の声が届く距離にいること。懐中電灯を持って、パパやママにもどこを探検しにいくか言ってから出かけよう。ホコリやカビがあったら、息を止めて、すぐに外に出よう。きみは知らなくても、有毒なものも多いからね。生きてそこを脱出できたら、すごい土産話になるぞ。

　たくさん写真をとっておこう。カメラは肉眼では見えないものも映しているかもしれないからね。それじゃ、健闘をいのる！

 ミッション・コンプリート！

きみが見つけた、いちばん不思議だったものは何？

経験値

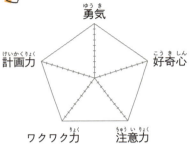

- 勇気
- 好奇心
- 注意力
- ワクワク力
- 計画力

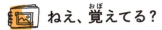

ねえ、覚えてる?

危険ととなりあわせの恐怖。
長いことだれもいなかった
場所に特有のにおいがした。

この本を読んでみよう

『アレックスとゆうれいたち』(エヴァ・イボットソン)

ミッション 33

偉人になりきってみよう

　歴史を年号とできごとの羅列だなんて思ってるなら、大まちがい。歴史は、男と女、そしてたくさんの希望と汗によってつくられてきたものだ。

　きみが好きな歴史上の人物をひとり選ぼう。アレキサンダー大王、レオナルド・ダ・ビンチ、ジャンヌ・ダルク、クリストファー・コロンブス……だれでもいいよ。

　その人について、できるかぎりくわしく調べてみよう。その人の家族はどんなだっただろう？　若いころどんな夢をもってただろう？　何が得意で、何が苦手だっただろう？　その人の性格や考え方なんかを調べるんだ。よくわからなかったら、自由に想像する。どんな人物だったか、どんなふうに動いていたか、どんなふうにしゃべっていたか、考えてみよう。

もし可能なら、生まれた場所や死んだ場所を見にいってみるのもいいな。

その人が将軍なら、彼が戦争に勝った場所に行ってみる。芸術家なら、彼の作品にふれる。

そうして、できるかぎり彼になりきってみよう。

たとえば、ジュリアス・シーザーが自分のことを三人称でしゃべってたって知ってる？「彼はこのイノシシのパイが大好きだ」ってな感じに（自分のことなのにね）。ためしにまる一日、シーザーのようにしゃべってみよう。「この穀物はとてもおいしい。彼はそれをぜんぶ食べたいようだ」とか、「彼は宿題をしたくない。中庭で遊んでみてはどうだろう？」なんてね。

何日間か、きみが好きな人物のようにふるまってみよう。

そして最後にこう質問しよう。その人の何がきみの心を打った？ 何がその人を大きくさせたと思う？ なぜ彼は歴史に名を刻んだ？ 同じくらい偉大なことをするにはどうしたらいい？

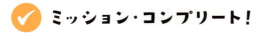 ミッション・コンプリート！

数日間、だれのように生きた？（きみが選んだ歴史上の偉人の名前を書こう）

 経験値

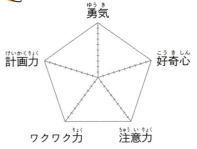

 ねえ、覚えてる？

だれかのまねをしたとき、とってもおかしな感じがした。

 この本を読んでみよう

『ダーウィンと出会った夏』（ジャクリーン・ケリー）

ミッション 34

コンパスと地図で方角を知ろう

　知らない場所は迷うためにあるようなものだ。正しい道はどっちだ？　右に曲がれば、奇妙な山に続いてるし、下にくだれば、そこは暗い湖だ。

　コンパスと地図は冒険者の旅にはなくてはならない友だちだ。何百年ものあいだ、ぼくらが道をまちがえたり、危険な場所に迷いこんだりするのを防いでくれた。勇気のある数少ない冒険者たちが前人未到の場所をめざす。かれらにとっても、地図を最新のものに書きかえていくのは最優先事項だった。また、コ

ンパスは、つねに北(N)を指し示す道具だ。地図と切っても切れない友だちで、使い方を熟知しておく必要がある。

今回のミッションを達成するために必要なのは、知らない場所の地図(でも家から遠すぎちゃいけない。行くのがたいへんだからね)、コンパス(家になかったら、スポーツ用品店か旅行グッズを売ってるところで買えるよ)、あとは胸いっぱいの冒険心だ。

ためしに、北(N)に100歩、東(E)に200歩、歩いてみよう。

こんなふうにやるんだ。

出発地点を決める。地面かどこか平らなところに地図を広げて、その上にコンパスを置く。

地図は北を上にえがくのが決まりだ。自分がどこにいるのか知るために、コンパスを地図の横に置いて、確かめながら、コンパスの針と地図の方角が一致するまで地図を回そう。できた？　それじゃあ、それがたどるべき方向だ。

コンパスは手のひらに乗せて、胸の前でしっかり持とう。これがコンパスを持って動くときの正しい姿勢だ。

よい冒険を！

ミッション・コンプリート！

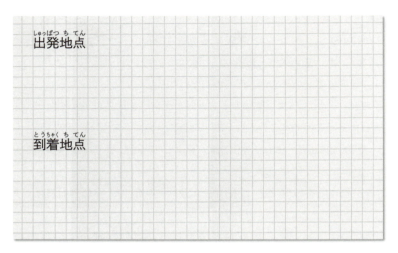

出発地点

到着地点

 ### 経験値

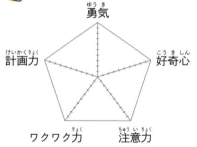

勇気
計画力
好奇心
ワクワク力
注意力

 ### ねえ、覚えてる？

目的地に着いたとき、手のなかの地図と目の前の景色が重なって見えた。

 ### この本を読んでみよう

『神秘の島』（ジュール・ヴェルヌ）

ミッション
35

新聞記事やブログを書こう

　かつて、世界のどこかで起こるできごとを知るのは、かんたんじゃなかった。情報はラバの背に乗った商人か使者が運んでくるものだった。何かを知るためには何か月もかかるのがあたりまえだった。

　今日、世界のどこの地域とだって、それこそ南極大陸とだって、リアルタイムで情報交換できるようになっている。衛星を使った通信が、お向かいさんとベランダごしに会話するのと、海の真んなかの船乗りとおしゃべりするのとを、まったく同じようにできるようにしたんだ。クリックひとつで、香港で起こっているできごとを知ることもできるし、ウェブカメラをとお

125

してニュージーランドのコウテイペンギンを見ることもできる。

でも、これらのすべての情報をもってるのはだれだろう？語られる価値があるかないかを判断するのはだれだろう？

ジャーナリストがまさにそうだね。ものごとを知り、だれかに知らせるために書く人たちだ。そういう意味で、ジャーナリストは捜査官みたいなものだ。真実を明らかにするために調査し、だれかに伝える。

今回のミッションは、新聞か、ブログを書くことだ。もちろんかんたんじゃない。ひとりじゃなく、クラス全員を巻きこむことをオススメする（先生のOKが出たらだけどね）。あとは、友だちや、ミッション29でつくった秘密結社のメンバーにも協力してもらおう。

きみの新聞のテーマを選ぼう。学校や、住んでるマンションや、住んでる町のニュースを集めるのがいいかな。

まずは、じっさいの新聞や雑誌をまねして記事を書いてみよう。そしてきみが書きたい話題についてよく知るんだ。何かをだれかに知らせるために書くには、そのことをだれよりも知っていないといけない。だれかにインタビューするときには、相

手が何を語ろうとしているのか理解するために、大量の質問を投げかけないといけない。たくさん情報を集めても、記事にできるのはそのうちのわずかだけ。だけど、それが豊かな結果を生むんだ。

　お望みなら、新聞じゃなくて、インターネットでブログを開設してみよう。ブログはみんなが見ることができる日記みたいなもんだ。ちがうのは紙に書かれてるんじゃなくて、パソコンのモニターに映し出されるってだけ。まったくのつくり話でブログを書いてもいいし、この本のミッションにいどんでる内容を書いたっていい。印象的だったことや、そのとき感じたことを書くんだ。できれば、写真もいっぱいのせてね。

　技術的には、難しいことは何もない。ブログを開設することはとてもかんたんなんだ。パソコンがうまく使える必要なんてぜんぜんない。Bloggerのような無料のブログサービスで、すぐにでも最初の記事を公開することができる。30分もあればじゅうぶんじゃないかな。

　いったんブログをはじめたら、新しい記事を書いて、更新しつづけないといけない。少なくとも1週間に1回くらいは投稿しよう。毎日できたら完璧だ。

　たとえば、こんな内容を書いてごらんよ。

・ビデオゲーム

・スポーツ

・音楽

・映画

 ミッション・コンプリート！

 経験値

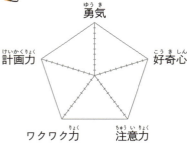

勇気
計画力
好奇心
ワクワク力
注意力

 ねえ、覚えてる？

新しい発見。新しい友だち。
読者からコメントが来た。

 この本を読んでみよう

『ラリー――ぼくが言わずにいたこと』
（ジャネット・タージン）

ミッション
36

難しいゲームをクリアしよう

　テレビゲームをクリアしたことはある？　それには深い集中力と強固な意志が必要不可欠だ。長い訓練の時間も、綿密な計画性も、膨大な試行錯誤も必要になってくる。
　今回のミッションのゴールは、テレビゲームのクリア画面を見ることだ。なんのゲームでもいいけど、きみが夢中になれるものがいいな。ただし、お金をはらったらかんたんにクリアできるようなものは禁止だよ（課金によってゲーム内通貨とか特殊アイテムがもらえるようなものだ）。

129

●ゲーム機と古いゲーム

テレビゲームを手に入れるのに、お金をたくさん使う必要はない。おもしろいゲームは、いまやアプリでいっぱいあるし、値段もだいたい1000円以下だ。それか、すごくむかしにはやったゲームをやってみよう。いまじゃお店で売ってないようなやつでも、インターネットでダウンロードできる。いわゆる「レトロゲーム」だね。オンラインでもプレイできるしね。かくいうぼくたちも、たくさんのゲームをクリアしたもんだよ。とくに挑戦してほしいゲームは「ゼルダの伝説」「魔界村」「ブラックドラゴン」「プロジェクト・ファイアスタート」「モンキー・アイランド」「トゥームレイダー」「ザック・マックラッケン」なんかだ。きっと何年間もきみを夢中にさせるゲームがたくさんある。

プレイステーションはすばらしいゲーム機だ。だけど新しいやつは高すぎる。古い、中古のやつを探そう。探せば何千円かで見つかるよ。それはきみだけの最高のゲームセンターだ。

ママやパパがいい顔をしなかったら、このミッションのことを説明して、右ページの手紙を見せるんだ。

親愛なるご両親へ

　あなた方のお子さんは、このミッションにとても熱心に取り組んでいます。このミッションを達成することは、お子さんの健全な認識能力の成長と心理運動学的な調整に必要不可欠なことなのです。最新の研究によれば、テレビゲームをプレイすることは、脳のミラーニューロン細胞を活性化させるのに絶大な効果があり、そのうえ、人体に害をあたえることなく、ストレスと攻撃性を軽減させてくれます。多くの人間をのめりこませるそのストーリー性の高さは、少なくともギリシャ悲劇と同じくらい、お子さんの精神に栄養をあたえてくれます。

　お子さんの努力を支えてあげて、クリアした暁には、いっしょにお祝いしてあげてください。

　そうすれば、ほんらいは宿題や家の用事をするはずだった時間が報われるでしょう。

　どうか同意していただけますように。愛をこめて。

　　　　　　　　　　　　ピエルドメニコとトンマーゾ

 ミッション・コンプリート！

経験値

ねえ、覚えてる？

指の痛み。こすって赤くなった目。きみの魂のかけらともいうべき、最後のライフがなくなってしまったときの絶望。やっとゲームをクリアしたとき、世界最強になったような気がした。

この本を読んでみよう

『ゲームウォーズ』（アーネスト・クライン）

ミッション
37

モンスターの友だちを創作しよう

　モンスターがこわくない子なんている？　いないよね。それじゃ、モンスターがきらいな子なんている？　いないよね。モンスターはどこにでもいる。きみをおどかしてくるやつもいれば、ベッドの下にかくれてるだけのやつも。あんまりこわくなくて、笑っちゃうようなやつもいる。モンスターはこわいけど、魅力的なんだよね。そんなかれらと友だちになるいちばんいい方法は、今回のミッションをクリアすることだよ。ただしひとつだけ条件。きみが自分でやることだ。

　モンスターはどうやってつくるか、知ってる？　きみの頭のなかにはすでにいるかもしれないけど、それだけじゃだめ。ほ

んとうにつくってみよう。何からだってモンスターはつくれるからね。段ボール箱をいっぱい集めて、黒くぬる。からまりあった枝をつなぎあわせる（秘密基地の入り口につるして、見張り役にするのにぴったりだ）。かっこいいかたちの石に顔をかいてもモンスターになるぞ。ほかにも、木をほってもいいし、粘土でもつくれる（粘土は買わないといけないけどね）。

　もし買うのがいやなら、小麦粉粘土を使うって手もある。これは水1カップ、塩1カップ、小麦粉1カップ、合成洗濯のり小さじ1、油小さじ1をよく混ぜればできる。これがあれば、かんたんに何かのかたちをつくれる。そしていったん固まってしまえば、もうくずれることはない。

　個性的な、きみオリジナルのモンスターをつくることが大事だよ。完成したら、名前をつけよう。そして、そいつがなんのために生まれたモンスターなのか、きみ自身がしっかり理解しておかないといけない。きみを守るボディーガード？　秘密のアジトや宝を守るガーディアン？

　なんのためのモンスターかは、つくりはじめるまえによく考えておこう。生まれたものはかんたんに消しちゃうことはできないんだからね。その子はなんのために生まれた？　やさしく教えてあげよう。

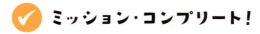

ミッション・コンプリート!

きみがつくったモンスターの絵をかこう。

経験値

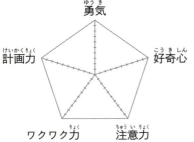

ねえ、覚えてる?

きみの手のなかで新しく何かが生まれていった。きっときみがいないと生まれなかった何かが。

この本を読んでみよう

『フランケンシュタイン』(メアリー・シェリー)

ミッション 38

魔法の薬を調合してみよう

　ナメクジの粘液、洗剤、ケーキの上の粉砂糖、地面の下のミミズ……。どんなものでも、有毒なミックス・ジュースをつくるにはぴったりの材料だ。

　今回のミッションは、魔法の薬を調合すること。どんな薬をつくる？　見るからにおいしそうで、いい香り？　息がつまるようないやなにおい？　何をどう混ぜれば、どんな薬ができるだろう？

　それじゃ、やってみよう。まずは水差しか大きめのグラスを用意する。材料がすべて入るだけの大きさがあればいいよ。あとはかんたん、そのなかで材料をよく混ぜるだけ。ほら、魔法の薬の完成だ！　できたら友だちににおいをかがせて、材料が

何か当てっこさせよう。おっと、まちがっても味見をさせちゃいけないよ。あくまでにおいをかぐだけ。つくったきみにはわかるよね。においをかいだだけで、完全にノックアウトだって。

 ミッション・コンプリート！

魔法の水の秘密の材料を書いておこう。

 経験値

勇気
計画力
好奇心
ワクワク力
注意力

 ねえ、覚えてる？

常識はずれにひどいにおい。ひとつ材料を入れるごとに魔法みたいに色が変わった。気持ち悪かったけど、みんなが大きな、とっても大きな声で笑った。

 この本を読んでみよう

『魔女がいっぱい』（ロアルド・ダール）

ミッション 39

物語を書いてみよう

　人間は、水や食べものと同じくらい、物語が必要な生きものだ。だけど、それを生み出すのはかんたんじゃない。

　決まったルールがあるわけじゃないけど、参考になるかもしれないから、例をあげてみよう。

　ぜったいに必要なのは主人公だね。特別な何かをもった、興味深い人物でなきゃいけない。たとえばギリシャ神話の英雄・アキレスだ。神さまと人間のあいだに生まれた子で、ほぼ不死身だ。「ほぼ」というのは、アキレス腱だけは弱点で、そこに攻撃を受けると死んでしまうからだ。「アキレス腱」っていう

名前はこのエピソードからきている。ほかにも、キプリングの小説『少年キム』の主人公・キムは、はじめは何も知らない孤児だったけど、インドの市場で過ごすなかで、生きる知恵を身につけていく。

きみの物語の主人公は、特別な才能なんてなく、ふつうの人間かもしれない。でも奇妙な何かが彼に起こって、彼の人生は一変してしまう。たとえば宝くじに当たるとか、心を大きく動かすだれかに出会うとかね。

続いては、特別な事件を起こさないといけない。それは、克服できないほどの問題や、大きな策略がないと解決できない、とても難しい問題かもしれない。

有名な「ヘラクレスの十二功業」のひとつを知ってる？ たった1日でアウゲイアースの家畜小屋を掃除しろっていう無理難題さ。いくらヘラクレスが力が強くても、ちょっとやそっとじゃきれいにならない。でもヘラクレスは川の流れを変えて、家畜小屋に水を入れ、汚物をぜんぶおし流してしまったんだ。物語というのは、つまりこういうこと。主人公がいかに問題を解決するのかを見るものなんだ。

このミッションに取り組むなら、はじめのうちは、アイディ

アが出なくても落ちこまないように。それがふつうだからね。よく頭をしぼって、集中して取り組もう。

物語が書けたら、引き出しにしまって、1週間は放っておく。ほかのことを考えよう。忘れたころに読みかえすんだ。どう？だれかほかの人が書いたものみたいに感じるんじゃないかな。そして書きなおすべき欠点が山ほど見つかるはずだ。直したら、だれかほかの人に見せてみよう。それか、ミッション35でつくった新聞やブログの記事にしてみよう。

✓ ミッション・コンプリート！

 ### 経験値

 ### ねえ、覚えてる？

真っ白い紙の恐怖。書きなおし。ああしようか、こうしようか、ちっとも決められなかった。アイディアがうかんだとき、自分は天才だって思った。最初の批評を待っているとき、心臓が大きく高鳴った。

 ### この本を読んでみよう

『夢みるピーターの七つの冒険』（イアン・マキューアン）

ミッション 40

手紙を書いて、送ってみよう

　インターネットの出現で、紙の手紙はほとんど消えてしまっている。だからこそ、友だちから紙の手紙が届くっていうのは、ちょっと特別なイベントだ。封筒を開けるのは、とってもすてきな何かが入った宝石箱を開けるようにワクワクする瞬間。手紙だけじゃなくて、何かのスクラップや、写真や、イラストなんかもあるかも。紙とかうすいものなら、封筒でかんたんに送ることができるからね。じゃあ、やってみようか？　遠くに住んでる友だちはいる？　住所は知ってるけど、どうやって連絡したらいいのか知らなかったって？

141

すばらしい手紙を書いてみよう。ていねいに、きみのこと、きみのしたことについて語るんだ。この本のことを書いたっていい。イラストや、バスの切符や、キャラメルの包み紙や、きみがかいたマンガとかもつけてやろう。きみの写真も何枚か現像して、同封しておこう。手紙といっしょに届けられるこれらは、手紙を記憶に残る、かけがえのないものにしてくれる。

友だちが外国に住んでるって？　そりゃいい！　届くのがおそければおそいほど、それを待ってるワクワクする時間を長く楽しめるだろう？　友だちにもやり方を説明して、同じように返信してもらおう。

返事の手紙を受けとったら、それが今回のミッション達成の瞬間だ。

友だち相手じゃ何を書いたらいいかわからない？　それじゃあ、好きな子にラブレターを書いてみたら？

今回のミッションの唯一の条件は、手紙を郵便で送ることだ。手わたしとか、ほかの手段じゃだめ。ある日、ポストにすてきなプレゼントが届くって想像してごらんよ。ワクワクしない？

ミッション・コンプリート！

 経験値

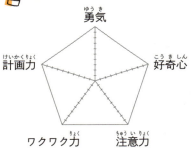

 ねえ、覚えてる？

文字と文字のあいだで少しずつかたちになっていった想いのかけら。あの子がぼくと同じふうに感じてくれるように、何度もことばを選んで書きなおした。

 この本を読んでみよう

『父さんの手紙はぜんぶおぼえた』（タミ・シェム＝トヴ）

ミッション 41

嵐でずぶぬれになってみよう

　ふくれあがって暗い空。おこってるみたいに険悪な空模様。雷が耳のなかをゆらして、きみはこわれちゃいそうだ。

　嵐の恐怖は、ずっと内緒にしてきた秘密みたいに、ぼくたちのなかに染みついている。それはぼくたちのご先祖をずっとおどかしてきた。100年前も、1000年前も、100万年前も。それはぼくたちのなかにある根源的な恐怖だ。大むかしの人びとは、稲妻はゼウスみたいな神さまが落としてくるもので、雷は魔法の槌（北欧神話の雷神トールが持っている、山をも打ちくずす鉄のハンマー）が起こすものだと思っていた。

　でも、その恐怖をやわらげる方法がある。

　恐怖と向かいあうんだ。

外に出て、雨に打たれて、きみをこわがらせるものに正面から向きあうんだ。

そしたらわかるはずだよ。嵐は、じつはとっても楽しいものだってね。ほっぺたをたたく天からの雨粒の音、びしょびしょになった髪の毛、たっぷり水を吸って重くなった服、すべてを感じるんだ。

嵐と友だちになろう。かんたんだよ。ぼくたちと嵐って、じつはとっても似てるんだ。なぜなら、ぼくたちのなかにはいつもすごいエネルギーの風や雷がうなりを上げてるんだから。

 ミッション・コンプリート！

嵐のなかで着ていた服をしぼって、その水でバケツをいっぱいにしてみよう。どこまで入った？　線を書いてみよう。

経験値

勇気
計画力
好奇心
ワクワク力
注意力

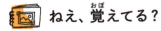 ねえ、覚えてる？

こわいものを乗りこえた、晴れやかな気持ち。だれもしないことをする感覚。口や目から水が入って、体のなかまでびしょびしょになった。

 この本を読んでみよう

『長くつ下のピッピ』（アストリッド・リンドグレーン）

ミッション
42

プレイリストをつくろう

　楽器を演奏するのってかんたんじゃない。みんながみんな音楽の才能があるわけじゃないからね。でも、音楽を聞くのはとってもかんたんだ。音楽をひとつ選んで、目を閉じて、メロディーをよく聞いてみよう。そしたらどう？　どんなイメージが心にうかぶ？　きみの生活の身近にある、すでにきみが知っているもの？　それともきみが冒険しにくるのを待っている、どこかの遠い世界？　その世界はどこにある？　楽器のなか、音楽のなか、きみの頭のなか？

　これはとても大事な質問だ。なぜなら、音楽はきみの人生に

147

大きく影響をあたえるものだからね。悲しい心も幸せにできるし、目覚ましのアラームにも使える。アルベルト・アインシュタインは、音楽がなければ思考ができないとまで言ってのけた。

今回のミッションは、きみのオリジナルのプレイリストを完成させることだ。

テーマを決めよう。たとえば、「旅について歌った10の歌」。あるいは「ギター独奏の10曲」ってなぐあい。はじめは趣味や好みでいっぱい集めて、そこからゆっくり選ぼう。1曲1曲、じっくり聞いていこう。全体のバランスは大事だし、それでいてひとつの意味がないといけない。順番も大事だ。

できたら、友だちにも聞かせてあげよう。ミッション35でつくったブログで発表してもいいね。

ブログの読者はきみのプレイリストをどう思うかな？　ちがう曲がいいってコメントをくれるかも？　この曲とこの曲は別のにしようって？　それはなぜだろう？

ミッション・コンプリート！

きみのプレイリストを書いておこう。

経験値

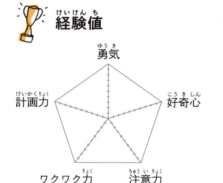

ねえ、覚えてる？

きみの心にそっとふれた音の調べ。血がさわいで、何か不思議なエネルギーがきみをゆさぶった。

この本を読んでみよう

『ちいさな天使とデンジャラス・パイ』
（ジョーダン・ソーネンブリック）

ミッション 43

芝居を上演しよう

　もし、きみがあの有名なスコットランドの王さま・マクベスだったらどうする？　それか、ゼウスの息子・アポロンだったら、どんな行動をする？　もっと太ってたら？　ピグミー族みたいに小さかったら、どんなふうに歩く？　人間じゃなくてドラゴンだったら？　巨人だったら？　鳥だったら？

　芝居は、これらのすべての質問に答えてくれる。物語という枠のなかでね。

　今回のミッションの目的は、芝居を上演することだ。登場人物は何人でも。きみのひとり芝居でもいいし、友だちをいっぱい集めて、複雑なストーリーを組み立ててもいい（そのほうがおもしろいかな）。

　きみはストーリーを考えることはできるよね（ミッション39でやったはずだ）、こんどはリアルな登場人物が演じる舞台をつ

くってみるんだ。きみが好きな本の内容を舞台にしてもいいよ。

芝居は即興じゃできない。とくに必要なのは、これらだ。

・まずは脚本を書こう。そのシーンで何が起こるか、登場人物が何をしゃべるか、ひとつひとつセリフとト書きで書いていこう。

・衣装を用意しよう（いっぱい探してきて、どれをどの登場人物が着るか決めよう）

・舞台背景をかこう（大きな紙か、古いシーツを用意して、ストーリーにあった場所の絵をかくんだ。騎士の冒険譚であれば城、エルフやノームなど妖精の物語であれば森ってぐあいにね）

・劇中にかけるBGMを選ぼう

・セリフを覚えるために練習しよう

・稽古場を探そう

・すべての準備が整ったら、いよいよ公演だ。上演する場所を探す。お客さんが座るためのイスやクッションを探す。ステージとなる空間のバックに、舞台背景をセッティングする。正しいタイミングでBGMを流してくれる友だちに音響係をたのむ。

準備と練習はきみを裏切らない。きっと見る人の心に届くはずだよ。そしてみんながくれたいっぱいの拍手は、きみの心にいつまでも残る音になるはずさ。

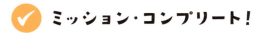

ミッション・コンプリート！

芝居のタイトルときみの劇団のメンバーの名前を書こう。

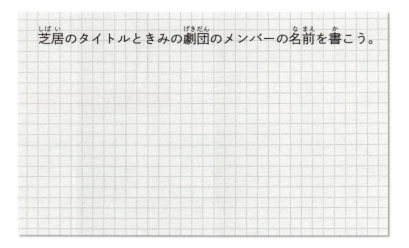

経験値

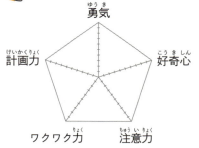

ねえ、覚えてる？

はき気がするほどくり返したセリフ。ステージに立つ恐怖。セリフを忘れた。緊張したあの子と舞台袖で目があった。幕が下りたときの割れんばかりの拍手。

 この本を読んでみよう

『シェイクスピアを盗め！』（ゲアリー・ブラックウッド）

大人といっしょに！ ミッション 44

パンをつくって食べよう

さあ、キッチンをめちゃくちゃにしてやろう。きみはごはんをつくったことはある？　りんごの皮をむいたことがあるって？　それは料理とはいえないな。そう、パンをつくるのは、まさに料理だね。アートといってもいいかもしれない。

それじゃあ、パンをつくってみよう。かんたんで、楽しくて、とっても大事なことだ。

地中海沿岸の国では、パンは主食の位置をしめている。ぼくたちの食卓にパンは欠かせないし、ギリシャ人たちはパンを神々の食べものだとみなしていた。また、ローマ人たちにとっ

てもパンは必要不可欠で、サンドイッチの具を「パンといっしょに食べるもの」っていう意味で「companatico」って呼んだりする。ことばが生まれるくらい、パンが生活に根ざしてるんだね。

● **レシピ**

以下の材料を用意しよう。
- 水：300㎖
- 新鮮なビール酵母：12g（ふくらし粉12gでもいいよ）
- 中力粉：250g
- 強力粉：250g
- オリーブオイル：50㎖
- 塩：10g
- 砂糖：少々

小さめのボウルにビール酵母を入れ、ぬるま湯50㎖でとかしたら、砂糖少々を加える。酵母が生きていたら、きれいな泡が出てくる。

作業台の上で2種類の小麦粉をふるいにかけよう。小さな山のかたちに盛りあげて、そのてっぺんに穴を開ける。ちょうど火山みたいになったら正解。

ボウルをひっくり返して、酵母入りの水を火山の頂上から注いだら、小麦粉を少しかけて穴をふさごう。

残った水にオリーブオイルと塩を注いで、よく混ぜる。それを小麦粉の山にかける。

さあ、ここからはたいへんだぞ。小

麦粉をこねるんだ。

　小麦粉をこねるのは、とっても力のいる作業だ。もんで、つぶして、回して、ひっぱる。10分間はがんばろう。
かたくなって弾力が出て、手にくっつかなくなってきたら、ころあいだ。まだくっつくようなら、手に小麦粉をまぶしてもうひとがんばりしよう。

　そろそろ生地がふくらんでくるはずだから、大きめのボウルに移しかえ、サランラップでふたをして、2時間置いておこう。

　生地が2倍くらいにふくらんだら、オーブン皿の上にオーブン用クッキングペーパーを広げて、その上に生地を乗せよう。生地を好きなかたちにするのはいまだ。ナイフで表面に十字の切れこみを入れたり、細長くのばしてバゲットみたいにしたりしよう。

　そのまま1時間パンを置いておけば、大きさがさらに2倍にふくらむはずだよ。

　そうしたら、オーブンを200℃に熱して、生地を放りこんで45分焼こう。表面がこんがりときつね色に焼けてきたら、いよいよオーブンから出して……さあ、めしあがれ！

 ミッション・コンプリート！

経験値

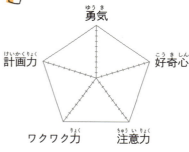

勇気
計画力
好奇心
ワクワク力
注意力

ねえ、覚えてる？

手がベとベとになった。はじめは小麦粉だったものが、だんだんかたちになっていった。パンの焼けるこうばしい香り。自分でつくったパンをかじった、最初のひと口。

この本を読んでみよう

『パンの王さま』（ロベルト・ピウミーニ）

ミッション
45

砂浜に行ってみよう

　世界は砂に満ちている。きめ細かくて真っ白な砂浜、焼けた砂丘、羽毛みたいにふわふわの海岸……。それはとってもラッキーなことだ。今回のミッションを達成するためには、砂がぜったいに必要なんだ。今回のミッションでは、やるべきことがふたつあるぞ。

● **砂の城をつくってみよう**

　砂の城をつくるために必要な唯一のものは何かわかる？　そう、砂だよね。小さなバケツとスコップがあれば少しらくになるけど、いちばん大事なのは手と想像力。城壁だけじゃ守りが弱い。見張りの塔、はね橋、狭間なんかもつくっておこう。

157

時間を節約するいい方法がある。それは、しめった砂を使うことだ。すごくかんたんにかたちがつくれるからね。

● **砂風呂に入ってみよう**

すっぽり入れるくらいの大きな穴をほろう。そのなかに入って、砂をかぶせるんだ。頭だけを出してね。日よけだけはきちんとして、この休息を楽しもう。

温められた砂は、天然のホットカーペットだ。じゅうぶんに休んだら、墓からよみがえったゾンビみたいにゆっくりと起きあがってみよう。

自分じゃなくて友だちをうめてあげたとしても、このミッションは達成。

ミッション・コンプリート！

 ### 経験値

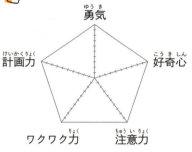

 ### ねえ、覚えてる？

全身をすっぽりおおいつくした砂。海できれいに流しても、すぐにまた砂まみれになった。難攻不落の城が、満潮でかんたんに流された。

 ### この本を読んでみよう

『砂の妖精と5人の子どもたち』
（イーディス・ネスビット）

ミッション
46

ビー玉レースで遊ぼう

　駄菓子屋さんやおもちゃ屋さんに行けば、砂の上で遊ぶためのビー玉を売っている。大きくて軽いビー玉だ（ガラス製じゃないのを探そう。なければスーパーボールでいいよ）。指ではじいて、前に転がして遊ぶんだ。

　コースをつくるために、体重の軽い友だちを連れてきて、砂の上に座らせよう。そしてくるぶしをつかんでひっぱって、その子のおしりで大きな8の字をえがくんだ。その跡をほってコースにする。

　交代で、ビー玉レースをしよう。順番がきたら、自分のビー玉を1回だけはじいて前に進ませる。1番目の子が終わったら、つぎの子に交代。全員終わったら、また1番目にもどる。ビー玉がコースをはずれたら、飛び出したところからやり直し。

最初に1周回った子が優勝だ。同じ回数でふたり以上ゴールしたら、ゴールより少しでも遠くに進めていたほうが勝ち！

✓ ミッション・コンプリート！

経験値

ねえ、覚えてる？

つめのあいだにはさまった砂。ズボンも砂まみれだった。うまくビー玉をはじいたら、歓声が上がった。太陽がきみのしょっぱいおでこをかわかした。もう1回やろうとお願いした。

この本を読んでみよう

『ドラゴンキーパー：最後の宮廷龍』
(キャロル・ウィルキンソン)

ミッション
47

目かくしをして街を歩こう

　きみは、自分が住んでる町のことをほんとうに知ってる？ 目を閉じて、通りや、そのほかになんでも思いうかべてごらん。お店は想像できた？　駐車場は？　駅前の銅像は？　じゃあ、頭のなかでゆっくり進んでみよう。コースをたどって。学校へ行く道、スポーツジムへ行く道。ぜんぶの曲がり角や交差点を覚えてる？

　ここからは難しくなってくるぞ。音も想像できる？　車の音、だれかがおしゃべりしてる声、電車や、遠くにある工場からも音が聞こえてくる。においはどう？

だいたいの人は、行ったことのある場所を視覚的には覚えてる。だけど、音や、そのほかの感覚はかんたんに記憶から消えていく。

今回のミッションの目的は、きみの知らない町の一面を発見することだ。準備はいい？

信頼のおける友だちを探そう。ほんとうに信頼のおける子でないとだめだよ。そして目かくしを用意する（暗めの色のスカーフや、安眠用のアイマスク、頭からすっぽりかぶれる黒い布の袋、なんなら海賊がしてるような眼帯を両目にしてもいい）。で、家を出るまえにそいつで目をふさぐんだ。友だちに手を引いてもらって、噴水や電車につっこんでしまわないように、ゆっくり進もう。どっちに行くかは、その友だちしだい。よく知ってる道を進むこともできるし、その子自身もあまり知らない道を通れば、大冒険になるぞ。

きみは見ることはできないけど、聞くことはできるし、温度や、空気の移動や、においを感じることができる。どう？　見る以外のすべての感覚が、フルに活動してるだろう？　集中しよう。ここがどこか、わからない？　いままで気にもとめていなかった、どれだけたくさんのものがぼくたちのまわりにあったか、きみは気づいてた？

163

✓ ミッション・コンプリート！

今回のミッションで味わった感情や感覚を書いておこう。

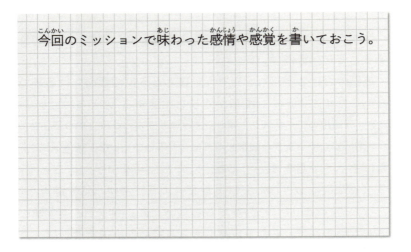

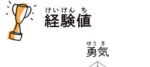

経験値

ねえ、覚えてる？

よく知ってると思ってた場所を、じつはちっとも知らなかった。

 ### この本を読んでみよう

ディーノ・ブッツァーティの短編集

ミッション
48

おもちゃを分解して、もう一度組み立てよう

　ぼくたちのまわりには、たくさんのものがある。でもだいたいの場合、その不思議な中枢部分はかくされてて、どうやって動いてるのか、そのメカニズムがわからないものばっかりだ。最高峰のエンジニアたちが日々開発してる、携帯電話や、ステレオや、ゲーム機たち。ほかにも、関節が動くタイプのフィギュアや、その他あらゆるおもちゃ。

　それらがどうやって動いてるのか、考えたことはあるかな？なかに何があるのか？　よし！　好奇心は冒険者や、探検家や、

165

何かを発見する者に共通の特徴だ。

　ドライバーを手にとろう。気になるおもちゃをひとつ選んで、分解するんだ。

　すべてのおもちゃがこのミッションに適してるわけじゃない。たとえば電化製品はちょっとオススメできない。素人にはややこしすぎるからね。レバーとかギザギザのついた歯車で動くおもちゃがいい。むかしのおもちゃはすべてがそんなしかけだったんだ。たとえばブリキの電車のおもちゃは、振り子時計みたいなぜんまい式で、ねじを巻いて床の上に置いたら、勢いよく走っておじいちゃんのソファーの下にもぐりこんだものだった。その電車のなかには、無数の歯車やレバーやふいごがあって、好奇心いっぱいの子の目をかがやかせたものだ。

　さあ、きみの番だよ。何を分解する？　そして大事なこと。もう一度もとにもどせる？

 ミッション・コンプリート!

 経験値

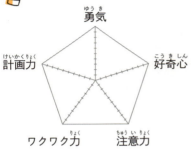
勇気
好奇心
注意力
ワクワク力
計画力

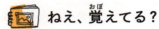 ねえ、覚えてる?

歯車のしかけの複雑さにおどろいた。おもちゃを分解してもう一度組み立てるのは、それを使って遊ぶのと同じくらいおもしろかった。

 この本を読んでみよう

『ユゴーの不思議な発明』(ブライアン・セルズニック)

167

願いごとリストをつくろう

　これはちょっと難しい、だけどほかのミッションより何かをあたえてくれるにちがいない、特別なミッションだ。
　このミッションを達成するには、まず10個の願いごとを書いたリストをつくってみること。きみ自身のための、あるいはきみの大事なだれかのための願いごとでもいい。ぱっと思いつくきみがやってみたいことって、何？　飛行機に乗って空を飛びたい？　よし、それがきみのひとつ目の願いごとだとしよう。パパとママが、しばらく無人島へ旅行にいきたいって言ってた？　じゃあ、それがふたつ目だ。友だちのあの子といつもい

っしょにいたい？ 3つ目はそれだね。犬が飼いたい？ よし、それも……こんな感じで書き出してみる。10個のリストのうち、少なくとも3つは実現させてみよう。そしたら今回のミッションは完了だ。そのためには、何年かかるかもしれないけどね。

でも、そしたらきっとわかるはずさ。人生において重要な何かを達成するのって、思ってるよりかんたんなことなんだってね。

 ミッション・コンプリート！

願いごと

1.

2.

3.

4.

5.

6.

7.

8.

9.

10.

経験値

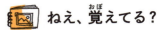 ねえ、覚えてる？

それは、きみだけが知っている。

 この本を読んでみよう

『スターガール』（ジェリー・スピネッリ）

ミッション
50

宝物をかくそう

　冒険者は、宝物を探す生きものだ。だから宝物をかくすやつの気持ちなんてわからないかもしれないけど、この最後のミッションをクリアするためには、まず宝物を準備しなくちゃいけない。そしてそれをかくして、謎に満ちた地図をかかなくちゃいけない。だれかがいつか、その宝を見つけられるようにね。

　なによりもまず、かくす宝物がなんなのかってことを決めなくちゃいけない。それはきみが長いこと使ってた、ごくプライベートなものでいい。きみにとってはとても大事な意味をもつ何かだ。たとえば、使い古したくし。コレクションカードの束。ビー玉がいっぱい入った袋。宝物にするためには、すごく大事なものともお別れしなくちゃいけない。自分のものだってわかる何かがあればあるほどいいね。ノートを用意して、友だちに

171

メッセージを書いてもらう。サインも忘れずに。そして、その
ノートもいっしょに入れるんだ。

　日付もちゃんと書いておくこと。それをもう一度見つけたと
きに、いつその宝をかくしたのか、ちゃんとわかるようにね。
もし、きみがすべてのミッションを達成してるなら、この本を
入れてもいい。

　それをもう一度見つけるのは、きっと遠い、遠い将来のきみ
だ。

　宝物をぜんぶ集めた？　それを入れる宝箱をどうする？　水
を通さないものがいい。いちばんいい素材は錫だけど、キッチ
ンにある、食べものや飲みものを保存するためのプラスチック
やガラスの容器でもいいんじゃないかな。

　宝箱はきみのタイムカプセルだ。何年も何年も開けられずに
いて、発見されたときには、きみのかつての日々をもう一度投
げかけてくる。

　つぎに、きみの記憶を届けてくれる魔法のかくし場所を探そ
う。秘密の場所がいい。庭の穴ぼこか、おばあちゃんの中庭の
片隅か、ガレージか、それとも屋根裏部屋か。

　もし必要があれば、深い穴をほって、宝箱をなかに入れて、
土をもう一度かけてかくしてしまおう。

　最後に、かくし場所を記した地図をかく。これはきみ自身が
かくこと。どこにかくしたかをしっかりわかるようにして、宝
をもう一度ほり出すために必要な情報を記しておくんだ。きみ
自身には明らかにわかるように、だけど、ほかのだれかにはか
んたんに読めないような内容にしておかないといけないよ。

　そしたら、その地図もかくそう。きみの部屋が最高だけど、

172

友だちに預けてもいい。そしてそれを大事にしまっておく。10年。20年。

そして、ふたたび宝を見つけるときがやってくる。未来のきみは気づくかな。あのとき宝箱に入れた何かが、そのとき、きみのほんとうの宝物になったんだって。

✓ ミッション・コンプリート！

経験値

ねえ、覚えてる？

完璧なかくし場所を探して歩きまわった。ぜったいに秘密にすると心にちかった。何にしようかなやんで、迷って、やっと決めたきみの宝物。いつかそれをもう一度開けるときを想像した。

この本を読んでみよう

『穴』（ルイス・サッカー）

173

おまけ〜知っておくと使える知識

だれからやるかを決める方法

きみはとあるミッションに取り組んでいて、航海の真っ最中だ。巨大なタコが海の底からはい出てきて、きみの船を攻撃している。だれかが銛を持って、甲板を守りにいかなくちゃいけない。キャプテンは目やにのたまった眉を低くして、渦巻きの底みたいに真っ暗な瞳できみを見た。

「おまえだ」。はらわたがよじれるような低い声だった。「さあ、言ってみろ。だれが行くか、どうやって選ぶ？」

これは世の中の多くの子どもたちも直面する問題だ。サッカーや、ミニゴルフや、テニスをして遊ぶときにもぜったいに必要になってくる。試合をはじめるときに、どっちチームが先攻か決めないといけないだろ？

野球でもそうだね。どっちが先攻か後攻か。

みんなが知っている、偶然性の要素が強い決め方ってなんだろう？　どうやっておおぜいのなかからだれかを選ぶのか。

そのときいる人数で、最適な選び方は変わってくる。それじゃ、順番に説明しよう。

● ふたりの場合

もし、ぼくたちがたったふたりだったら、いちばんかんたんな方法は「偶数・奇数」だ。

こぶしをにぎって、「偶数！」か「奇数！」と宣言する。ふたりが同じのを言っちゃだめだよ。それから、「ビン、ブン、

バン！」または「1、2、3！」と言いながら、そのかけ声にあわせて手を左右にふる。「バン！」または「3！」のときに手を開いて、指で数字を示

す。ふたりの出した数の合計が奇数か偶数かで決着をつけるというわけだ。正解を予想していたほうが勝ち。

　もしふたりのどちらかがコインを持っていたら、コイントスの表裏で勝負をつけることもできる。まず最初に、結果を予想して、表か裏かを宣言する。ふたりのうちひとりが回転するようにコインを投げて、すばやくつかんで、もう片方の手の甲の上でコインをかくすんだ。手を開いて、正解だったほうが勝ち。

　これは古代ローマではすでにおこなわれていた方法で、いまでは世界中でもちいられている。イギリスでは「頭としっぽ」、ドイツでは「頭と数字」、アイルランドではロマンチックに「頭とハープ」、かつてマヤ文明やアステカ文明が栄えた土地、メキシコでは「鷲と太陽」なんて呼ばれてる。古代ギリシャでは哲学の影響か、コインじゃなくて片方を黒くぬった貝殻を使って、「昼と夜」と呼ばれていた。

● 3人以上の場合

　たとえばきみたちが5人いて、そのなかからだれかひとりを選ばないといけないとしたら、どうする？　そんなときは人数ぶんの草をひっこぬいてこよう。雑草の茎がいちばんいい。条件は、1本をのぞいてぜんぶ同じ長さで、1本だけは明らかにほかのより短いこと。それらを手ににぎる。どれが短いやつか、

わからないようにするんだ。で、みんなでそこから1本ずつ引く。短いやつを引いた子が勝ちだ。

家のなかじゃ、草が手に入らないって？ しょうがないな、じゃあ、マッチを何本か用意しよう。そのうちの1本に火をつけて、すぐに消す。あとは、草と同じ要領だ。先っぽの部分をにぎってかくして、どれが燃やしたやつか、わからないようにする。燃えたやつを引いた子が勝ち。

サイコロやトランプも使えるね。サイコロだったら、いちばん大きな目を出した子が勝ち。引き分けだったら、もう一度ふろう。トランプも同じ。いちばん大きな数を引いた子が勝ちだ。エースは1だから、いちばん弱いよ！

ルールを守ろう

社会ってやつは、「ほかの人といっしょに」過ごすための場だから、そこではルールに従ってふるまわなければいけない。ルールにたいして、ぼくたちは誠実でなければならない。

べつに難しいことじゃない。自分でした約束は守るってだけだよ。

いつでもいかさまをしたり、勝つためには平気でルールをなかったことにするやつなんかと、だれも遊びたくないだろう？

かんたんにいえば、騎士道精神をもてってことかな。騎士って知ってる？ 人びとにおそれられ、尊敬されていたむかしの戦士だ。鎧を着て、武装した馬に乗っている。でも、剣と同じくらいリュート（むかしの弦楽器）をひくのもうまい。

勇敢で誠実なので、友だちにも好かれている。
容赦なく厳しいので、敵からはおそれられている。

遊ぶときには、すべてのプレイヤーは騎士のようにふるまわなければならない。戦いに集中して、ルールをきちんと守るんだ。そうしなきゃ、ほんとうに楽しむことはできないからね。

そのうえで、もっとも強くて勇敢な者だけが勝つことができるんだ。

おわりの合図

サッカーの試合だったら、審判がホイッスルを鳴らしたら、みんなそれを合図に試合を止めることができるよね。

ほかの遊びだったら、動きを止めるのに使われる、ほぼ世界的に通用することばがある。「PUGNO!（こぶし）」っていうことばだ。こぶしを天につき上げながら、このことばをさけべばいい。だれでもやっていいんだ。きみがかくれんぼをしているとしよう。そこは人食いザルや毒グモや大蛇がうようよいる、危険な熱帯雨林だ。友だちのひとりが石につまづいてひざをすりむいちゃった。その子を助けるために、遊びをすぐに中断しないといけない。

だれかが「PUGNO!」って大声で言うのを聞いたら、何があっても遊びは終了。きみがそのとき何をしてたとしても、その場で止まって、何があったのか確認すること。

罰ゲーム

だれだって負けることはある。ずっと勝ちつづけるなんてありえない。あまり腹を立てないことと、笑うことを学ぶことは、

遊びをほんとうに楽しむための秘訣だ。そこで大事なのが罰ゲーム。これは勝者と敗者を区別することじゃない。みんなが笑うための方法なんだ。

やさしい罰もあれば（たとえば、負けた子はみんなにおやつを分けてあげる、とかね）、もっとクレイジーな罰もある。いくつか紹介しよう。

1— 石像になる。90秒間、何があっても、石になったみたいに動いちゃいけない。しゃべってもいけないし、まばたきすらしちゃいけないんだ。相手チームのキャプテンが姿勢を決めて、時間を計る。

2— ベンチの上に立って、ニワトリのまねをする。

3— 友だち何人かに立ってもらって、片足で飛びながらそのあいだをジグザグ走行する。

4— 口いっぱいにクッキーをつめて、歌を歌う。

5— ママの口紅や化粧品を借りて、目かくしをした友だちに化粧してもらう。

6— 友だちみんなが歌を歌ってるなかで、クラシックバレエをおどる。

7— 手を背中に回して、地面に落としたハンカチを口だけで拾う。

8— 勝者の名前を全員ぶん、反対から読みあげる（ミケーレならレーケミ、ピエロならロエピ……）。一回でもまちがえたら、はじめからやりなおし。

9— この本を頭に乗せて、落とさないように、ファッションショーみたいに行進する。

10— スティックパンか小枝を口でくわえたまま、歌を歌う。

罰ゲームを決めるいい方法は、参加者全員にひとりひとつずつ、小さな紙に罰の内容を書いておいてもらうことだ。ゲームがはじまるまえに書いて、ゲームが終わったら、たくさんの罰ゲームのなかからひとつを選ぶ。

　伝統的な罰ゲームとしては、言う、やる、キス、手紙、プレゼントっていうのがよく知られてるね。

　罰ゲームを受ける人は、上の5つのなかからひとつを選ぶ。ほかの子は具体的に何をするのかを考える。

　たとえば、こんな感じだ。

　言う— アルファベットを逆から言う。Zからはじめて、Aまでだね。途中でまちがえたら、はじめからやりなおし。

　やる— あらんかぎりの大声でオオカミの鳴きまねをする。

　キス— ほかの人が選んだだれかにキスをする。

　手紙— 背中に指で書かれた文字を読みあげる。

　プレゼント— これはいちばんリスキーなやつだ！　ほかの人がこう聞く。「いくつ欲しい？」。そしたら、1から10までの数を答えないといけない。そして、それがなんであろうと、その数だけ罰をもらわないといけないんだ。しっぺ、くすぐり、コップいっぱいの水……考えるだけでおそろしい！

　罰ゲームは、暴力的であったり、悪意があったりしちゃだめだ。ぜったいにみんながやらないといけないものだし、みんなが笑って、すてきな時間を過ごすことが目的なんだから。楽しくなければ罰ゲームじゃない。

おわりに

　冒険(AVVENTURA)ということばは、ラテン語のAD VENTURAということばからきている。これは「未来に起こること」という意味だ。この本で紹介している50の冒険を終えたあと何が起こるのか、ぼくたちは知らない。きみはそれを発見しなくちゃいけない。きみは、自分が変わってるのを感じてる？　冒険をはじめるまえのきみのまま？　ぜんぜん同じじゃないはずだ。何か変わってやしない？　楽しんだ？　楽しかったなら、きみはたぶん、ほかのミッションにも挑戦したいんじゃないかな？新しい冒険にさ。

　ぼくたちはそう望んでる。

この本の冒険を終えたら、ほかの本を開いてみてほしい。新しい本には、また別の50の冒険が見つかるにちがいない。その冒険でも、やっぱり新しい発見や、予想もしなかったできごとや、乗りこえるべきハードルがあるにちがいないんだ。勇気をもってチャレンジしよう。

　そして、ぼくたちが提案した冒険をもしも気に入らなかったら、別の冒険を探すか、あるいは自分で書いてみるといい。

　もしそうしたら、ぼくたちにそれを送ってほしい。きみと同じような冒険者に見せてあげるからさ。編集部のアドレスに送ってくれないか。

　tarojiro@tarojiro.co.jp

　「冒険者」。これはとてもおもしろいことばだ。もしきみの手元にむかしの辞書があったら、このことばを引いてみよう。そこにはこんなふうに書いてるんじゃないかな。
　「奇抜な行動のめだつ、落ち着きのない人物。いちじるしく犯罪的な傾向があるが、同時に天才的ともいえる想像的活動にたずさわっている。つかれを知らない旅人で、おそれを知らない剣士で、敵をあざむく策士で、女性にやさしい紳士で、幸運の女神に愛されている。敬虔な修道士でもあるが、積極的にほかの宗教も受け入れる。ほとんどすべての冒険者は歴史的な偉業を遺している」

　だいたいはそのとおりだね。とくに想像的ってところは大賛成。逆に犯罪的ってところはいただけないな。宗派をコロコロ変えるってのも感心しない。ぼくたちにとってほんとうの冒険者とは、自分の思想や夢やアイディアに従って生きる者のこと

だ。ずいぶんむかしに、ヴィクトル・ユーゴーが書いている。
「ぼくたちはみんな、その理想に向かう冒険者だ」ってね。さあ、
こんどはきみの番だ。

　集中しよう。心から熱中しよう。オオカミに追われながら。
ドラゴンに立ち向かいながら。
　きみには、本を読む時間がそんなにないかもしれない。なぜ
ならきみは、巨大なお城をつくってるだろうし、四方八方にの
びる木を育ててるだろうし、氷に閉ざされた北極の海を航海中
だろうから。
　なんでもいいからやっていてくれるとうれしい。走る。修理
する。よじ登る。降りる。かくれる。絵をかく。書く。考える。
発明する。あえて何もしない。とにかくそれをしてれば幸せだ
ってことを見つけること。それこそが、きみを冒険にかりたて
る、たったひとつの動機になるんだから。

　きみの目の前でいまにも起こるだろう何かを見つけよう。き
みにだけ起こる、特別な何かを。

　　　　　　　　　　　ピエルドメニコとトンマーゾ

証明書

この本の作者であり冒険者であるピエルドメニコ・バッカラリオとトンマーゾ・ペルチヴァーレの名において。

＿＿＿＿年＿＿＿＿月＿＿＿＿日

氏名＿＿＿＿＿＿＿＿＿＿＿＿＿＿＿＿＿＿＿＿＿＿

住所＿＿＿＿＿＿＿＿＿＿＿＿＿＿＿＿＿＿＿＿＿＿

上の者は、13歳になるまでにすべてのミッションを達成し、50の冒険を成しとげた。

そして同時に、その冒険をとおして、そのすばらしい才能ゆえに、勇気と目的と力とがまん強さと、うらやましいほどの好奇心と問題解決の才能と、力になってくれる友だちからの信頼と、自分のことばを守る信念と、まわりの人びとと世界を敬う気持ちと、ほんのちょっぴりの幸運をもつことを証明した。

（すべてのミッションをクリアしたら、ここに自分の写真を貼ろう）

あらゆる点で最高の冒険者である。

監修者あとがき

　この本を手にとってくれたみなさん。きみは、もうすでに冒険者だ。なぜなら、この本のタイトルに興味をもったんだから。「何かわからないけど、おもしろそう」と感じたのかもしれない。「50もの冒険はできないけど、いくつかはできるかも」と思ったのかもしれない。そんなきみは第一歩をふみ出したんだ。あとは、ほんとうにやってみることだ。ただ読んだだけではだめだってことは、すぐにわかるよね。

　この本を読んで、じつはわたしは、とてもなつかしく思ったんだ。なぜなら、いまから50年もまえの幼少時代に、この50の冒険のほぼすべてを経験したから。いまになってみると、子どものころに体験したこのような冒険は、とてもいい経験だったんだと、身をもって感じているよ。いや、きっと、このようなことは、大人になるためにはとても重要なことだと思う。

　いまのきみたちがおかれている環境は、「3間」がないといわれている。時間、仲間、そして空間（場所）がない。つまり、外で遊ぶ時間がない、いっしょに遊ぶ年齢の近い仲間がいない、そして、遊ぶ場所がないという、ないないづくしだ。だからいまは、この本に書かれているような冒険がなかなかできない状況だ。この状況は、日本だけでなく、ほかの先進国でも同じように生まれてきているようだよ。そこで、冒険にさそおうということを目的にした本が出版されたわけだ。

　さて、こうした冒険は、何か役に立つことはあるんだろうか？

　きみたちがこれから生きていく社会は、先を見通すことが難しい世の中だといわれている。何が起こるかわからない。でも、一歩ずつ歩んでいくしかない。まるで、暗闇を前に横に、場合によっては

後ろにもどりながら。そんな時代だからこそ、子どものころから、心と体をきたえておくことが必要なんだ。大人になったわたし自身もそれをひしひしと感じている。もちろん、知識や技術も重要だけどね。

　そしてもうひとつ。いま、世界中でさまざまな災害が起こり、ニュースになっている。日本でも、地震、津波、洪水、ゲリラ豪雨などがある。もしも、暗闇になったとき、ガスコンロが使えなくなったとき、長距離を歩かなければならなくなったとき、日常とはちがったさまざまな環境におかれたときには、冒険で身につけたことがきっと役に立つことだろう。なによりも、精神的な強さが身についているはずだよ。だから、少々精神的に、肉体的にも厳しい状況におかれたとしても、きっと乗りこえることができると思う。

　基本は、「自分の身は自分で守る」ということだと覚えておこう。この冒険も、自分の責任においておこなうことだ。だから、すべて自分が管理をする。不安になることもあるだろう。やめたくなることもあるだろう。前に進むも、やめるも、すべて自分しだいだ。でも、そこで勇気ある一歩をふみ出すことで、見えてくることもあるよ。その経験は、なにものにもかえがたい大きな財産になることはまちがいない。

　一歩をふみ出してみよう。

2016年9月1日
NPO法人 国際自然大学校
理事長 佐藤初雄

自然のなかで冒険できる野外学校リスト

泊まりがけのキャンプで、いろんなミッションを一度に達成できるかも。そこで挑戦できる冒険の例を紹介するから、気になるところがあったら自分で調べて、参加してみよう。

●NPO法人 どんころ野外学校

北海道空知郡南富良野町落合1074

http://www.donkoro.com

☎0167-53-2171

ラフティング（川下り）、湖カヌー、自然探索（南富良野の森を探検）、トレッキング（山歩き）、カーリング、犬ぞり、スノーシュー（雪靴をはいて雪遊び）、スノーキャンプ（マイナス20℃の世界でキャンプ）

●イーハトーヴォ安比高原自然学校

岩手県八幡平市安比高原
ホテル安比グランド内

http://www.appi.co.jp

☎0195-73-6228

ブナの森散策、星空鑑賞会、ホタル観賞ツアー、子どもキャンプ、スノーシュー、歩くスキー体験、創作体験（木工工作、アクセサリーづくりなど）

●くりこま高原自然学校

宮城県栗原市栗駒沼倉耕英中57-1

http://www.kurikomans.com

☎0228-46-2626

パイオニアキャンプ（春・夏の冒険キャンプ）、カウボーイキャンプ（乗馬キャンプ）、里山がっこ（里山での田植え＆稲かり体験）、イグルーづくり、そり遊び

●小野川湖レイクショア野外活動センター

福島県耶麻郡北塩原村大字桧原字小野川湖畔

http://www.yagaikeikaku.com

☎0241-32-2044

無人島ビバーク体験（カヌーに寝袋と食材をつめこんで無人島へ冒険）、中津川シャワークライミング（中津川渓谷へのトレッキング＆沢登り）、トレッキングプログラム

●NPO法人 那須高原自然学校

栃木県那須郡那須町高久甲5720

http://go-and-joy.com

☎0287-63-5559

週末自然塾（農業体験・工作・アウトドアクッキング・登山・釣りなどに挑戦する、7月と9月〜12月の週末3連休のキャンプ体験）、夏休みもりもりキャンプ（登山・カヌー・釣りなど盛りだくさんの夏キャンプ）

●アドベンチャー集団Do!

群馬県高崎市榛名湖町854

http://www.gakidai.com

☎027-320-5003

ガキ大将・スクール（参加者がプログラムを決める冒険キャンプ）、ツリーイングキャンプ（ロープを使った木登り）、恐竜キャンプ（化石ほり、化石のレプリカづくりなど）、スキーツアー（雪遊びやそり遊びも）

● NPO法人 千葉自然学校

千葉県千葉市中央区富士見2-3-1
塚本大千葉ビル7階
http://www.chiba-ns.net
☎043-227-7103
ジョブマスター「農シリーズ」（大山千枚田での田植えや稲刈り、棚田の生きもの探しなど）、夏キャンプ＆冬キャンプ（昆虫探し、川遊び、秘密基地づくり、山登りなど）、ごちそうマスター（ダッチオーブンでパンづくり、ドラム缶ピザづくりなど）

● NPO法人 国際自然大学校

東京都狛江市岩戸北4-17-11（東京校）
http://www.nots.gr.jp
☎03-3489-6582
子ども体験教室（自然体験年間コース）、夏キャンプ（川や海遊び、マウンテンバイクツーリング、アウトドアクッキング、テント泊体験など）、冬キャンプ（スキー、スノーシューなど）、春キャンプ（スキー、日帰りのデイキャンプなど）、田んぼでどろんこ（農業体験）

● 湘南自然学校

神奈川県茅ヶ崎市ひばりが丘3-32
http://www.shonan-ns.com
☎0467-58-1566
サマーキャンプ（スノーケリング・シーカヤック・釣りなどが体験できる海コース、川遊び・秘密基地づくり・野宿体験などができる山コース）、スキーキャンプ（スキー、かまくらづくり、そり遊びなど）、日帰り・1泊2日デイキャンプ（木登り、水鉄砲合戦、化石ほりなど）

● 公益財団法人 キープ協会

山梨県北杜市高根町清里3545
http://www.keep.or.jp
☎0551-48-3795
やまね学校（研究者といっしょに天然記念物の哺乳類・ヤマネを観察し、生息する森を探検）、酪農体験プログラム（ジャージー牛の世話や乳しぼり、バターづくりなど）、火と陽と人キャンプ（キャンプファイヤー、モンゴル式ゲルでのお泊まり、日の出をめざすハイキングなど）

● NPO法人 やまぼうし自然学校

長野県上田市菅平高原1223-5751
http://www.yamaboushi.org
☎0268-74-2735
サマーキャンプin信州（テント泊、野外料理、秘密基地づくり、ターザンロープ、落とし穴づくり、木登り、五右衛門風呂など）、スノーキャンプin信州・菅平高原（スキー、そり遊び、雪だるま＆かまくらづくり、雪合戦など）

● NPO法人 ガイア自然学校

石川県金沢市若松町セ104番地1
シェア金沢E-7
http://gaia-natureschool.com
☎076-225-8155
冒険教室レンジャーズ（ツリークライミング、フィッシング、カヌーなどに挑戦）、ガイアキッズ（木と遊ぶ、砂と遊ぶ、水と遊ぶ、土と遊ぶ、山と遊ぶ、など）、沖縄 無人島キャンプ（沖縄県渡嘉敷島で生活）、FIELD HUNTER（ウミウシやノウサギなどの野生生物探し）

●ホールアース自然学校

静岡県富士宮市下柚野165

http://wens.gr.jp

☎0544-66-0152

遊牧民キャンプ・冒険学校（洞窟や樹海探検・川遊び・カヤック・登山などを体験。ヤギ・ポニー・ウサギ・ニワトリなどの動物といっしょに過ごす）、里山どろん子キャンプ（タケノコほり、田植え、田んぼでどろりんピック、キャンプファイヤー、火おこしなど）

●トヨタ白川郷自然学校

岐阜県大野郡白川村馬狩223

http://toyota.eco-inst.jp

☎05769-6-1187

アウトドアマスターキャンプ（火をおこし、鉄を熱してナイフをつくって、たき火で料理）、白川郷スノーゲイン（地図とコンパスを使いながら、スノーシューなどで雪深い森をめぐるオリエンテーリング）、スノースライダー（ふかふかの雪でつくったコースをそりですべりおりる）

●BSCウォータースポーツセンター

滋賀県大津市南船路4-1

http://www.bsc-int.co.jp

☎077-592-0127

国際子供サマーキャンプ（ウインドサーフィン、いかだ、ロープワークなどに海外からの参加者と挑戦。ドラム缶風呂やキャンプファイヤーも楽しめる）、サンライズカヤック＆メロンパンづくり（早朝の琵琶湖にカヤックでこぎ出し、日の出を見る。メロンパンの手づくりも）

●NPO法人 芦生自然学校

京都府南丹市美山町芦生スケ尻14-2

http://ashiu.org

☎0771-77-0588

アンズキッズ（年間自然体験プログラム。美山川で泳いで魚をとって食べたり、田畑で米や野菜を育てたり、山に積もった雪で雪合戦やかまくらづくりをしたりする）、トレッキング（芦生の山をガイドつきで歩く）

●一般社団法人 のあっく自然学校

大阪府枚方市村野西町5-1-306

http://noac.jp/index.html

☎072-805-3230

のあっくダッシュ村（岡山の自然体験施設にとまって、田んぼをたがやして稲を収穫したり、遊び道具をつくったり、一年をとおして田舎の暮らしを味わう）、パラグライダーキャンプ（パラグライダーで空を飛ぶ）、琵琶湖一周キャンプ（マウンテンバイクで約210kmを走る）

●NPO法人 ハチ高原・氷ノ山自然体験村

兵庫県養父市ハチ高原

http://49.212.24.203/~npo-hachi/

☎079-667-7111

氷ノ山登山（兵庫一高い山で、高山植物や動物に出会う）、氷ノ山くだリング（マウンテンバイクで林道をくだる）、ツリーイング（ロープを使った木登り）、パラグライダー体験（ひとりで空を飛ぶ）、スノーシューハイク（雪靴でゆっくりハイキング）

●NPO法人 隠岐しぜんむら

島根県隠岐郡海士町大字海士5328-6
http://www.sizenmura.com
☎08514-2-1313
カブトムシ採集＆昆虫観察（カブトムシは
つかまえて持ちかえれる）、ヒメボタル＆夜
光虫ウォッチング（森林のヒメボタルと海辺
の夜光虫、キラキラ光る生きものを観察）、
エコツアー（ガイドの案内で島の自然を歩く）

●NPO法人 自然スクールトエック

徳島県阿南市柳島町高川原6
http://www.ne.jp/asahi/outdoor/
toec/
☎0884-24-9201
沖縄無人島キャンプ（夏休みに無人島で生活。
自分でとった魚介類をたき火で料理）、屋久
島フリーキャンプ（モッチョム岳登山、屋久
ザル・屋久ジカ探し、磯遊び、魚つりなど）

●土居自然学校

福岡県田川郡赤村赤4785
http://www.facebook.com/
doi.ns.taisuke
☎090-6194-3360
自然観察（星空や生きもの）、農業体験（棚
田での田植えや稲かり、茶つみなど）、川遊
び、カヤック、登山、ものづくり（わら細工、
小枝ストーブづくり、染めものなど）、キャ
ンプ（川遊び、ターザンロープ、野外料理、
ティピー泊など）

●一般社団法人 アイ・オー・イー

熊本県熊本市東区長嶺南2-5-31
http://www.ioe-j.com
☎096-387-6922
天草シーズンキャンプ「春キャンプ」「夏キ
ャンプ」（春は田植えやタケノコほりなど、
夏はシーカヤック・海水浴・魚つりなど）、
世界遺産アドベンチャーキャンプin屋久島
（原生林トレッキング、海遊び、魚料理、ウ
ミガメ観察など）

●NPO法人 くすの木自然館

鹿児島県姶良市平松7703
http://kusunokishizenkan.com
☎0995-67-6042
干潟のネイチャーウォッチング（専門の解説
員といっしょに干潟の生きものを観察）、ウ
ェダーウォーク（潮が満ちた干潟を胴長靴で
探検）、真夜中のランデブー（3月の大潮の
夜、生殖のために河口に集まるゴカイの観察
会）、バードウォッチング

●やんばるエコツーリズム研究所

沖縄県国頭郡国頭村安田248-1
http://www.yanbaru-eco.jp
☎0980-41-7966
シーカヤック無人島ツアー（サンゴ礁に囲ま
れた無人島・安田ヶ島へシーカヤックで旅を
する）、亜熱帯の森トレッキング（ヤンバル
クイナなど天然記念物の宝庫・伊部岳の森を
歩く）、比地大滝渓流トレッキング（多くの
動植物と出会いながら沖縄本島最大の滝をめ
ざす）

著者紹介

ピエルドメニコ・バッカラリオ

1974年、イタリア、ピエモンテ州生まれ。児童文学作家。高校時代より短篇の創作をはじめる。15日間で書きあげた『La Strada del Guerriero（戦士の道）』で1998年にデビュー。以降、数々のベストセラーを世に送りだす。謎解き冒険ファンタジーである『ユリシーズ・ムーア』シリーズ（学研プラス）は、世界数十か国で翻訳されている。『コミック密売人』（岩波書店）で2012年度バンカレッリーノ賞受賞。共著に本書の姉妹編『モテる大人になるための50の秘密指令』（小社刊）などがある。

トンマーゾ・ペルチヴァーレ

1977年、イタリア、ピエモンテ州生まれ。作家であり、マジシャンであり、遊びと冒険のプロフェッショナル。マンガ、おもちゃ、映画、ボードゲーム、野外活動など、その興味はあらゆる方向にのびる。数多くの出版社で児童書の編集にたずさわりながら、冒険にあふれた児童小説を多く執筆。『Ribelli in fuga（逃走の反逆者）』はイタリア・アンデルセン賞の最終選考に残る。近著に『Più veloce del vento（風よりも疾く）』など。

イラストレーター紹介

アントンジョナータ・フェッラーリ

1960年、イタリア、ロンバルディア州生まれ。長年、アニメ映画制作にたずさわったのち、児童書のイラストを担当するようになる。2007年、もっともすぐれたイラストレーターとしてイタリア・アンデルセン賞を受賞するほか、さまざまな有名コンクールで受賞多数。現在、イタリア児童文学の分野では、もっともよく知られたイラストレーターのひとり。日本語訳の絵本に『こころやさしいワニ』（岩崎書店）がある。

監修者紹介 **佐藤初雄**（さとう・はつお）

NPO法人国際自然大学校理事長。1956年、東京都生まれ。日本の野外活動指導の第一人者。1983年に国際自然大学校を設立して以来、30年以上にわたり、子どもと大人に自然のなかでの冒険の楽しさを伝えている。NPO法人自然体験活動推進協議会代表理事、公益社団法人日本キャンプ協会監事、日本野外教育学会理事などを務める。『社会問題を解決する自然学校の使命』（みくに出版）など著書多数。

訳者紹介 **有北雅彦**（ありきた・まさひこ）

作家、演出家、翻訳家、俳優、進路指導講師。1978年、和歌山県生まれ。映画や文学などのイタリア文化を紹介する会社「京都ドーナッツクラブ」所属。著書に『あなたは何で食べてますか？』、訳書に本書のシリーズや、P・バッカラリオ、F・タッディア『頭のなかには何がある？』（以上、太郎次郎社エディタス）などがある。

13歳までにやっておくべき50の冒険

2016年10月20日　初版発行
2024年2月25日　　9刷発行

著者	ピエルドメニコ・バッカラリオ
	トンマーゾ・ペルチヴァーレ
イラスト	アントンジョナータ・フェッラーリ
監修者	佐藤初雄
訳者	有北雅彦
デザイン	新藤岳史
選書協力	高宮光江・中島安友香
発行所	株式会社太郎次郎社エディタス
	東京都文京区本郷3-4-3-8F　〒113-0033
	電話 03-3815-0605
	FAX 03-3815-0698
	http://www.tarojiro.co.jp/
印刷・製本	大日本印刷
定価	カバーに表示してあります
	ISBN978-4-8118-0797-3　C8075

Original title: Il Manuale delle 50 avventure da vivere prima dei 13 anni
by Pierdomenico Baccalario and Tommaso Percivale. Illustrations by AntonGionata Ferrari.
First published in 2016 by Editrice Il Castoro, viale Andrea Doria 7, 20124 Milano (Italia)
www.castoro-on-line.it
Graphic layout: Dario Migneco / PEPE nymi – Art director: Stefano Rossetti

シリーズ好評既刊

モテる大人になるための
50の秘密指令

ピエルドメニコ・バッカラリオ、エドゥアルド・ハウレギ 著
アントンジョナータ・フェッラーリ 絵　有北雅彦 訳
四六変型判・192ページ・本体1600円＋税

冒険好きのきみに、伝説のスパイから指令が届いた。親を観察、炊事に洗濯、家系図作成、デートの誘い、そして忍者……。どんなミッションも、華麗に、かつスマートに。口うるさい親たちにバレないように挑戦して、モテる大人の秘密を入手せよ！

世界を変えるための
50の小さな革命

ピエルドメニコ・バッカラリオ、フェデリーコ・タッディア 著
アントンジョナータ・フェッラーリ 絵
上田壮一 (Think the Earth) 日本版監修　有北雅彦 訳
四六変型判・192ページ・本体1600円＋税

こんどの標的はSDGs?!　環境破壊、貧困、スマホ依存、ウソ、偏見……。このまちがった世の中にガマンがならない？　もしそう思ってるなら、文句を言ってるひまはない。行動するのはきみだ。同志とともに、世界をよりよく変える50の革命を起こせ！

あこがれのアスリートになるための
50の挑戦

ピエルドメニコ・バッカラリオ、マッシモ・プロスペリ 著
アントンジョナータ・フェッラーリ 絵　有北雅彦 訳
四六変型判・208ページ・本体1600円＋税

きみはスポーツが好き？　この本は、真のアスリートになるためのトレーニングブックだ。リフティング、階段マラソン、綱渡り、敗北体験、幸せの貯金……。毎日20分、50の挑戦を楽しみながら、プレイも生きざまも光を放つヒーローへの道を駆けあがれ！